어린이를 위한

하버드 새벽 4시 반

《哈佛凌晨四点半 : 初中实践版》
作者 : 韦秀英

Chinese Edition Copyright ⓒ 2022 by Beijing Time-Chinese Publishing House Co., Ltd.
All Rights Reserved.
Korean Translation Copyright ⓒ 2025 by Dasan Books
Korean Edition is published by arrangement with Beijing Time Chinese Press Co., Ltd.
through EntersKorea Co., Ltd.

이 책의 한국어판 저작권은 ㈜엔터스코리아를 통한
중국 Beijing Time Chinese Press Co., Ltd.와의 계약으로 다산북스가 소유합니다.
저작권법에 의하여 한국 내에서 보호를 받는 저작물이므로 무단 전재와 복제를 금합니다.

어린이를 위한

하버드 새벽 4시 반

웨이슈잉 지음
이정은 옮김

작가의 말

하버드 대학교는 세계적으로 인정받는 최고의 대학이에요. 전 세계 거의 모든 부모님들과 학생들이 동경하는 곳이기도 합니다.

어느 날, '새벽 4시 반'의 하버드 대학교를 찍은 한 장의 사진이 사람들에게 큰 감동을 주었어요. 새벽 4시 반이면 대부분의 사람들이 달콤한 잠에 빠져 있을 시각이에요. 그렇지만 도서관에는 불이 환하게 켜져 있었지요. 하버드 대학교 학생들은 똑똑하다고 자랑하기보다 시간을 소중히 여기고 항상 노력해요. 그들은 시간의 소중함을 알고 있으니까요.

물론 모든 사람이 하버드 대학교에 입학하지는 못할 거예요. 하지만 하버드 대학교에서 알려 주는 올바른 성격 형성 방법과 사고방식, 그리고 공부에 대한 자세를 배운다면 꼭 하버드 대학교에 가지 않더라도 충분히 자신만의 아름답고 훌륭한 삶을 만들어 갈 수 있습니다.

　지금 여러분은 무척 중요한 시기를 보내고 있어요. 호기심도 많고 하고 싶은 것도 많을 거예요. 이 시기에 올바른 마음가짐과 습관을 만들면 앞으로 어떤 길을 가든 멋진 사람이 될 수 있습니다.

　이 책에는 독립하기, 목표 세우기, 나만의 흥미 찾기 등 10가지 주제가 담겨 있어요. 매일 조금씩 이 책을 읽으며 나만의 좋은 습관을 만들어 보세요. 실제로 하버드 대학교에 입학하든 그렇지 않든, 매일매일 지금보다 나은 내가 된다면 우리의 단 한 번뿐인 삶은 어느새 예쁘게 완성된 작품이 되어 있을 테니까요.

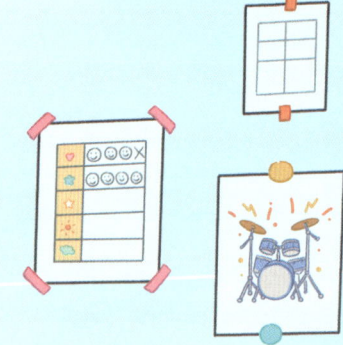

작가의 말 ◆ 4

 **꿈을 꾸면서 내딛는 첫걸음**

1장 마음 독립하기　10
독립이란 무엇일까? | 독립 1단계: 비교하지 말자 | 독립 2단계: 반대와 비판을 이겨 내자 | 독립 3단계: 창의적으로 생각하자

2장 목표 세우기　25
목표가 있는 사람은 행복하다 | 좋은 학교에 가는 것이 최고의 목표일까? | 나에게 꼭 맞는 목표를 세우자 | 큰 꿈을 꾸면서 참을성 있게 나아가자

3장 나만의 흥미 찾기　38
최고의 재능은 흥미다 | 흥미가 나의 미래를 결정한다 | 흥미를 재능으로 만드는 가장 빠른 방법

4장 끊임없이 배우기　49
우리의 배움에는 끝이 없다 | 노력하지 않으면 아무 소용이 없다 | 배움의 지름길을 찾자 | 배움은 우리를 즐겁게 한다 | 성공은 끊임없는 배움으로 완성된다

2부 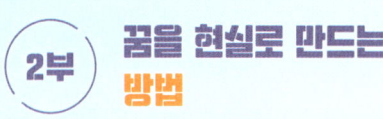 꿈을 현실로 만드는 방법

5장 시간 관리하기 ······ 66
성공의 비밀은 시간 관리에 있다 | 미루지 말고 지금 당장 움직이자 | 시간 도둑을 잡자

6장 참을성 기르기 ······ 78
어려움을 참고 견딜 때 성장할 수 있다 | 끝까지 포기하지 말자 | 흔들리지 않는 신념을 갖자 | 하루에 하나씩 성장하자

7장 언제나 정직하기 ······ 91
정직은 우리를 더 행복하게 만들어 준다 | 실패는 담담히 받아들여라 | 정직은 스스로 굳게 지켜야 할 약속이다

8장 비판 받아들이기 ······ 102
비판은 상처가 아니라 더 나아지기 위한 발판이다 | 나를 비판하는 사람에게 고마워하자 | 나 자신을 비판하자

3부  꿈을 나누며 성장하는 나

9장 소중한 우정 만들기 ······ 114
우정이 성공의 열쇠다 | 좋은 친구를 만나자 | 외모보다는 마음이 중요하다

10장 매일 조금씩 성숙해지기 ······ 125
매일 조금 더 멋진 나로 자라나자 | 성실은 성공의 열쇠다

1부

꿈을 꾸면서 내딛는 첫걸음

마음 독립하기

깊은 숲속에서 귀여운 여우가 태어났어요.
눈을 뜬 여우는 낯선 세상을 신기한 듯 바라보았어요.
비바람이 몰아칠 때도
엄마 품에 안긴 아기 여우는 행복했어요.
어느 날, 엄마 여우는 아기 여우를 집에서 내쫓았어요.
큰 소리로 울어 대는 아기 여우에게 엄마는 말했어요.
"이제 독립해서 스스로 세상을 경험해야만 해!"
아기 여우는 집을 떠나 혼자서 살아가기 시작했어요.

우리는 모두 위 이야기 속 아기 여우와 같아요. 성장

하려면 반드시 스스로 한 걸음을 내디뎌야 하지요.

하버드 대학교에는 '창의적으로 생각하기'라는 수업이 있어요. 복잡한 문제를 스스로 해결하는 방법을 가르치는 수업이에요.

이미 세계 최고의 대학교에 들어간 학생에게 이런 수업이 필요한 까닭은 무엇일까요? 아무리 공부를 잘해도, 아무리 나이를 먹어도 생각하는 법을 모르는 사람이 그만큼 많기 때문이에요. 하지만 스스로 생각하고 행동하는 사람은 자신의 삶을 아름답게 가꾸어 나갈 수 있습니다.

그렇다면 스스로 생각한다는 건 뭘까요? 스스로 생각한다는 것은 우리에게 어떤 문제가 생겼을 때 당황하지 않고 문제의 원인을 알아보면서 이를 해결할 방법을 직접 찾아내는 능력을 말해요.

생각하는 습관을 들일 때 우리의 뇌는 더욱 건강해져요. 우리는 스스로 생각하면서 똑똑해질 뿐 아니라 감

정도 더욱 잘 조절할 수 있게 된답니다.

학교에서 우리는 단어 쓰기, 셈하기 등 선생님이 알려 주는 내용만 열심히 기억하려 할 때가 많아요. 마치 엄마 여우가 가져다주는 먹이를 그저 맛있게 먹을 줄만 알았던 아기 여우처럼 말이에요.

물론 이런 내용은 앞으로 살아가면서 꼭 필요한 지식의 밑바탕이 됩니다. 그렇지만 학습 과정에서 스스로 생각해 보지 못하는 경우가 많은 것도 사실이에요. 앞으로 우리가 발전하기 위해서, 자유롭고 행복한 삶을 살기 위해서는 스스로 생각하는 과정이 반드시 필요합니다. 이것을 우리는 '독립'이라 불러요.

독립이란 무엇일까?

독립이란 내가 내 생각의 주인이 되는 것을 뜻해요. 어른이 하는 말이라고 무조건 믿고 따를 필요는 없어요.

여러분이 보는 책이나 영상에 나오는 내용도 마찬가지고요. 이 책을 읽으면서도 스스로 생각해서 여러분에게 필요한 내용만을 받아들여야 한답니다.

지금은 과학이 발전하면서 지구가 태양 주위를 돈다는 사실이 밝혀졌지만, 수백 년 전 사람들은 태양이 지구 주위를 돈다고 생각했습니다. 나중에 갈릴레이나 뉴턴 같은 과학자들의 노력으로 지구가 움직인다는 것이 점차 알려지게 되었지요. 그렇지만 어떤 과학자들은 태양이 지구 주위를 돈다는 생각을 끝까지 버리지 못했어요. 옛날부터 이어져 오던 생각을 바꿀 수 없었던 거예요. 이처럼 과거에 살았던 사람의 생각을 그대로 따라가는 것은 독립과는 거리가 먼 태도입니다.

독립에는 열린 생각을 갖고 오래된 습관에서 벗어난다는 의미가 있어요. 사람은 누구나 자신이 이미 가지고 있는 생각과 가치관의 영향을 받아요. 그런데 어떤 사람들은 자신의 생각이 잘못되었다는 사실이 밝혀져도 절대 인정하지 않으려 한답니다. 여러분이 독립하기 위해서는 잘못된 생각을 빠르게 인정하고 새로운 지식을 받아들일 수 있어야 해요.

지금까지의 설명만 들으면 독립이 무척 어려운 과정처럼 느껴질지도 모르겠어요. 그렇지만 독립은 내 삶을 올바른 방향으로 이끌고 다른 사람과 건강한 관계를 맺는 첫걸음이라서 무척 중요하답니다.

다음으로는 우리 일상생활에서 적용할 수 있는 독립의 세 단계를 살펴보면서, 독립이 어떻게 우리 삶을 풍성하게 만들어 주는지 알아보도록 해요.

독립 1단계 비교하지 말자

학교에 가면 나보다 더 예쁜 옷을 입고, 더 좋은 학용품을 사용하는 친구들이 있을 거예요. 때로는 그런 친구들과 자신을 비교하느라 시간을 허비하기도 합니다. 그런

친구들이 사용하는 물건을 따라 사기도 하고요.

물론 비교하는 마음은 누구나 가지고 있어요. 우리는 모두 다른 사람들과 관계를 맺으며 살아가니까요. 좋은 물건을 가지고 있어서 친구들의 관심을 받으면 뿌듯할 거예요. 친구들이 나를 부러운 눈으로 바라보면 으쓱한 기분이 들기도 하겠고요. 그러나 관심과 부러움은 결과일 뿐입니다. 남들보다 나은 모습을 보여 주기 위해 억지로 겉으로 보이는 화려함만 따르는 건 바람직하지 않은 행동입니다.

나이가 들어도 비교하는 습관을 버리지 못하는 사람들이 있어요. 그런 사람들은 유명인과 찍은 사진을 자랑스럽게 내보이고, 주위 사람들에게 자신이 마치 부자인 척 꾸며 내기도 해요. 문제는 남들만 속이는 것이 아니라 나 자신까지 속인다는 사실이지요.

온갖 꾸밈으로 만들어 낸 모습은 결코 여러분의 실제 모습이 아니에요. 자신을 열심히 꾸미다가 진짜 모습이 드러나면 그때부터 나 자신을 싫어하게 되기도 하지요. 비교는 여러분의 자신감을 떨어뜨려요. 여러분만의 진짜 강점이 무엇인지 알 수 없게 만들고요. 우리는 다른 사람을 부러워하는 비교에서 벗어나 독립해야 합니다.

비교는 다른 사람들이 만들어 낸 기준에 내 마음을 내주는 행위예요. 반면 독립은 내 삶의 기준을 스스로 세우고 그 기준에 따라 살아가는 것이지요. 앞으로 자기 자신만의 기준을 세우고 불필요한 경쟁에서 벗어난다면 진짜 여러분이 원하는 것에 집중하며 훌쩍 성장할 수 있을 거예요.

비교하지 않기 위해서는 우선 '다른 사람과 비교하고 있다.'라는 사실을 깨달아야 합니다. '나는 왜 저 친구처럼 하지 못하지?'라는 생각이 든다면, 잠깐 멈춰 서서 마음의 소리에 집중해 보세요. 여러분이 지금 비교하고 있다는 사실을 알아차리기만 하더라도 마음이 훨씬 편안해질 테니까요.

남과 비교하지 않고 과거의 나와 지금의 나를 비교하는 습관을 들이는 것도 좋아요. 계속해서 어제보다 나은 삶을 살 수만 있다면 여러분은 금세 몰라볼 정도로 성장해 있을 거예요.

독립 2단계 반대와 비판을 이겨 내자

남아프리카 공화국의 전 대통령이자 흑인 차별에 반대한 운동가 넬슨 만델라는 오늘날 인권과 자유의 상징으로 기억됩니다. 그러나 그런 인물로 존경받게 되기까지 그는 수많은 비난과 반대를 견뎌야 했어요.

젊은 시절 만델라는 남아프리카 공화국에 만연했던 인종 차별에 맞서 싸웠어요. 흑인들을 차별하는 정부에 맞선 그는 '국가를 무너뜨리려 하는 위험한 인물'이라는 비판을 받았지요.

1962년, 만델라는 반역죄로 체포되어 무기 징역을

선고받았어요. 그러나 감옥에서도 만델라는 결코 자신의 주장을 꺾지 않았습니다. "자유가 없다면 나의 삶도 의미 없다."라고 했던 그는 여전히 흑인이 백인과 같은 권리를 보장받는 정의로운 사회를 꿈꿨어요.

사람들은 만델라가 자신과 의견이 다른 사람을 존중할 줄 모른다고 비판했어요. 심지어 그를 테러리스트로 규정한 나라도 있었습니다. 그럼에도 만델라는 평화로운 방법으로 문제를 해결하려 했어요. 무려 27년 동안 감옥에 갇혀 있었던 그는 석방된 뒤에도 복수를 선택하지 않고 자신을 가둔 사람들을 용서했습니다.

1994년, 만델라는 남아프리카 공화국 최초의 흑인 대통령으로 당선되었어요. 그가 대통령에 취임하던 날, 한때 만델라를 감옥에 가두었던 사람들과 악수하며 웃는 그의 모습은 전 세계에 깊은 울림을 주었지요.

오늘날 세계에는 만델라를 존경하는 사람이 정말 많아요. 하지만 한때는 그의 이름이 두려움과 비판의 상징이었습니다. 그는 스스로 옳다고 믿는 것을 위해 버텼고, 또 걸어갔어요. 결국 시간이 만델라가 옳다는 사실을 증명했지요.

독립은 남들이 원하는 내가 아니라, 내가 원하는 나로 살아가는 것입니다. 그런데 여러분만의 기준을 세우고 살다 보면 비판과 반대의 목소리를 마주칠 수도 있어요. 남들이 하라는 대로 하면 될 텐데 괜히 고집을 부린다며 비난하는 거지요.

많은 사람은 비판과 반대를 이기지 못하고 어쩔 수 없이 자신의 뜻을 꺾습니다. 그냥 남들이 원하는 모습으로 살기로 하는 거지요. 그렇지만 여러분이 정말로 독립해서 진정한 나 자신으로 살아가기 위해서는 비판과 반대를 이겨 내야 합니다. 대부분이 반대한다고 해서 무조건 따라야 하는 것은 아니니까요. 여러분의 생각이 옳다고 믿는 충분한 근거가 있다면 용감하게 자신의 생각을 지켜 내야 합니다. 앞서 보았던 만델라처럼 말이에요.

반대와 비판을 이기는 일은 앞으로 독립적인 삶을 살아가는 밑거름이 됩니다. 반대에도 불구하고 선택한 길은 결과가 어떻든 내가 결정한 길이니까요. 더 이상 남을 탓할 수도 없지요. 그러면 정말로 성숙한 독립을 이룰 수 있는 거예요.

반대와 비판을 이기는 마음을 기르기 위해서는 내가 원하는 것이 무엇인지 분명하게 묻고 답할 수 있어야 해요. 일단 목표를 정하면, 왜 그런 선택을 했는지 명확히 알 수 있도록 글로 써 보세요. 내 선택에 대한 확신이 있으면 남들의 말에 쉽게 흔들리지 않을 테니까요.

모두에게 인정받을 수 없다는 사실을 받아들이는 태도도 중요합니다. 세상 누구도 모두의 인정을 받지는 못해요. 만델라도 수많은 반대와 비판의 목소리를 들어야 했던 것처럼요. 독립하기 위해서는 우선 내가 나를 인정해야만 합니다.

처음부터 큰 비판을 이겨 내기는 어려워요. 우선 작은 거절, 불편한 말, 사소한 오해부터 견디는 연습을 해 보세요. 그걸 넘어서는 경험이 마음의 근육이 되어 주니까요. 스스로 세운 기준을 지켜서 좋은 결과가 나온다면 여러분은 진정한 행복과 기쁨을 누릴 수 있습니다.

독립 3단계 — 창의적으로 생각하자

독립의 마지막 단계는 '창의적으로 생각하기'입니다. 하버드 대학교에서는 창의적인 생각이 무엇인지에 대해 토론하곤 합니다. 하버드 대학교 학생들은 창의력을 묘사할 때 '틀에서 벗어난' 생각이라는 점을 강조해요. 정해진 규칙만 따라가는 사람은 창의적인 생각을 할 수 없어요. 규칙에서 멀어질수록 불안해하니까요.

앞에서 살펴봤던 비교하지 않기, 반대와 비판 이겨 내기는 마음가짐과 관련되어 있어요. 그렇지만 이런 마음가짐을 갖춘 뒤 우리가 실제로 꿈을 향해 목표를 세우고 성장하기 위해서는 창의적으로 생각하는 법을 반드시 익혀야 합니다.

그렇다면 어떻게 해야 창의적으로 생각할 수 있을까요? 창의적으로 생각하는 법을 세 단계로 나누어 살펴보기로 해요.

첫 번째 단계는 질문 던지기예요. 당연하다고 생각하는 것에도 "왜?" 하고 질문을 던져 보세요. 예를 들면 "왜 숙제를 조용히 앉아서 해야 하지?"처럼 말이에요. 노래를 듣거나 부르면서 숙제를 할 수도 있을 거예요. 일어서서 책상 주위를 돌아다니며 생각을 정리할 수도 있겠지요. 많은 질문이 창의적인 생각의 씨앗을 심어 줄 거예요.

두 번째 단계는 직접 해 보는 거예요. 생각만 하는 데서 그치면 아쉬우니까요. 머릿속에 떠오른 아이디어를 용기 내서 실천하는 일은 창의적인 생각을 기르는 데 큰 도움이 됩니다. "이렇게 공부하면 재미있을 것 같아!"라는 생각이 들었다면, 진짜로 그렇게 공부해 보세요. 실제로 효과가 있지 않아도 괜찮습니다. 실패 역시 창의력과 친한 친구니까요. 한 걸음 한 걸음 시도하다 보면 점점 멋진 아이디어가 생겨날 거예요.

    마지막으로 내가 생각한 것들을 다른 사람들과 나눠 보세요. 누군가는 그것을 보고 웃을 수도 있고, 정말 멋지다며 감탄할 수도 있겠지요. 하지만 다른 사람이 어떻게 생각하든 상관없습니다. 나누는 순간 내 생각은 혼자만의 것이 아니라 세상을 더욱 풍요롭게 만드는 선물이 되거든요.

    창의력은 밖에 있는 무언가를 흉내 내는 일이 아니에요. 내면의 목소리를 듣는 연습이지요. 내가 진짜 하고 싶은 게 무엇인지 찾아내는 거예요. 나만의 세계를 스스로 만들어 낼 수 있을 때, 우리는 목표를 설정하고 높은 곳을 향해 달려 나갈 수 있답니다.

2장 목표 세우기

엄마의 품에서 독립한 아기 여우는 길을 잃고 헤맸어요.

나무 위에서 노는 다람쥐들을 부러워하기도 하고,

강가에서 물고기를 잡는 수달을 따라 해 보기도 했지만

모두 어색하기만 했어요.

어느 날 아기 여우는 낡은 참나무 아래에 사는

부엉이 할아버지를 만났어요.

아기 여우가 말했어요.

"전 잘할 수 있는 게 없어요.

어디로 가야 할지도 모르겠고요."

부엉이 할아버지는 부드럽게 웃으며 이렇게 말했어요.

"길을 찾으려면 먼저 작은 목표부터 세워야 해."

"목표요?"

"그래. 예를 들어, 오늘은 안전하게 잠잘 곳 찾기를 목표로 삼아 보렴. 내일은 먹을 것 찾기. 그리고 그다음엔 새로운 친구 한 명 사귀기. 이렇게 작은 목표들이 하나하나 모이면, 어느새 너만의 커다란 길이 만들어지는 거란다."

그날부터 아기 여우는 하루에 하나씩 목표를 세웠어요.

처음엔 구멍 난 나뭇잎 집을 고치기,

다음 날엔 물웅덩이에서 조심스럽게 물고기 관찰하기,

그다음 날엔 자기보다 작은 새에게 먼저 인사하기.

아기 여우는 자기만의 길을 만들어 가고 있었던 거예요.

목표가 있는 사람은 행복하다

무언가를 이루기 위해서는 목표를 명확히 세우고, 나에게 꼭 필요한 것과 그렇지 않은 것을 구분할 수 있어야 합니다. 목표를 정해야 모든 힘을 집중해서 앞으로 나아갈 수 있어요. 아무리 의욕이 넘치더라도 사람이 사용할 수 있는 시간과 에너지는 정해져 있으니까요.

앞으로 무엇을 하면 좋을지 몰라서 헤매는 시간이 길어질수록 가장 원하는 것을 위해 노력할 시간은 줄어듭니다. 그러니 내가 무엇을 하고 싶은지 확실하게 생각해 두어야 해요.

미국에서는 5000여 명의 청소년을 대상으로 목표 달성과 삶의 만족도 사이의 관계를 연구한 적이 있어요. 당연히 목표를 달성한 경우 만족도는 높아졌고, 목표를 달성하지 못한 경우에는 낮아졌지요. 그런데 목표를 달성하지 못했는데도 삶의 만족도가 높은 경우가 있었어요. 끊임없이 자신만의 목표를 새롭게 설정하고 추구하는 경우였지요.

이 연구를 통해 우리는 중요한 사실을 알 수 있어요. 당장은 목표를 이루지 못하고 실패한 것처럼 보이더라도 곧바로 딛고 일어나 새로운 목표를 향해 나아가야 한다는 사실을 말이에요.

여러분은 여기서 이렇게 질문할 수도 있을 거예요. 그렇다면 무엇을 목표로 잡아야 하느냐고요.

우선 목표는 명확해야 해요. 예를 들면 '공부 열심히 하기' 같은 목표는 명확하지 않아요. 이런 목표는 세우지 않는 편이 낫습니다. 목표는 '매일 수학 문제 10개 풀기'처럼 구체적으로 드러나야 합니다. 목표를 명확하게 세우고 행동할 때 우리는 계속해서 자신감을 쌓고 앞으로 나아갈 수 있어요.

그리고 목표는 반드시 현실적이어야 합니다. '매일 책 100권 읽기' 같은 목표는 명확하기는 하지만, 실제로는 이루기 어려운 목표예요. 나의 상황과 맞지 않는 목표는 나의 발전을 이끌 수도 없을뿐더러, 오히려 미루는 습관만 만든답니다.

마지막으로 목표는 한결같아야 합니다. 악기를 배우

기로 한 다음 월요일은 드럼을 치고, 화요일에는 피아노를 연주하고, 수요일에는 리코더를 부는 사람이 있다고 생각해 보세요. 시간이 지난 후에 이 악기들 가운데 하나라도 확실하게 연주할 수 있을까요? 그래서 우리는 목표를 정하기 전에 깊고 세심하게 생각해야 해요. 목표를 정한 후에는 그것에 집중하면서 노력해야 하니까요.

좋은 학교에 가는 것이 최고의 목표일까?

"좋은 학교에 가야 성공할 수 있어."

많은 사람이 이렇게 말합니다. 그래서 여러분 중에서도 어떻게든 좋은 학교에 들어가는 것을 가장 중요한 목표로 삼는 친구들이 있을 거예요.

물론 좋은 학교에 가는 건 멋진 일이에요. 목표를 세우고 열심히 노력해서 원하는 학교에 들어간다면 여러분의 자신감도 올라가겠지요. 하지만 진짜 중요한 질문은 따로 있습니다. "나는 왜 좋은 학교에 가고 싶은 걸까?", "나는 좋은 학교에 가서 어떤 사람이 될 것인가?" 같은 질문 말이에요.

이 질문에 대답할 수 없다면, 좋은 학교에 가겠다는 목표는 여러분의 진정한 꿈이 아닐 수도 있습니다. 진짜 멋진 목표는 내가 무엇을 좋아하고 어떤 사람으로 성장하고 싶은지에서 출발해요.

오늘날처럼 과학 기술이 발전하고 세상이 빠르게 변화하는 시대에 아무런 목적 없이 학교에서 가르치는 지식을 달달 외우는 것은 효과적이지 못합니다. 미래 사회에는 여러분만의 꿈을 갖고 다양한 지식을 즐겁게 배워 나가는 사람이 필요해요.

여러분에게 꿈이 있다면 그 꿈을 이루기 위해서 어떻게 해야 할지를 먼저 생각하세요. 꿈을 이루기 위해 반드시 좋은 학교에 가야 할 수도 있어요. 그때는 열심히 공부해야만 하겠지요.

반드시 기억하세요. 학교는 목표를 이루기 위한 하나의 길일 뿐, 그 자체로 목표가 될 수는 없습니다. 좋은 학교보다 중요한 건 나만의 멋진 인생을 만들어 갈 방향을 찾는 것입니다. 남들이 정해 주는 목표를 따라가기보다 나만의 꿈을 향해 스스로 길을 만들며 걸어가 보세요. 그 길 위에서 여러분은 좋은 학교보다 훨씬 소중한 무언가를 만나게 될 거랍니다.

나에게 꼭 맞는 목표를 세우자

미국의 발명가 토머스 에디슨은 어릴 때 학교 수업에 집중하지 못했어요. 선생님들은 에디슨이 한시도 가만히 있지 않고 엉뚱한 질문을 계속 던지자 가르치기 어렵다고 여겼지요. 결국 그는 퇴학당했습니다. 하지만 에디슨의 어머니는 그가 남들과 다른 방식으로 배우는 아이임을 정확히 이해했어요. 어머니는 그가 스스로 탐구

하고 실험하는 것을 좋아한다는 사실을 알고 집에서 직접 실험할 수 있도록 도구를 사 주었지요. 아들의 재능을 알아본 어머니 덕분에 에디슨은 자신의 장점을 살려 세상을 바꾸는 발명가가 될 수 있었어요.

에디슨의 어머니는 에디슨에게 남들과 똑같은 목표를 세우라고 요구하지 않았어요. 에디슨을 잘 이해하고 그에게 맞는 목표를 세워 주었지요.

우리도 목표를 정할 때 먼저 '나는 어떤 사람일까?'를 정확히 알아야 해요. 사람은 모두 다릅니다. 그래서 가장 '좋은' 목표는 없어요. 자신에게 '적합한' 목표만이 있을 뿐이지요. 가장 적합한 목표를 세워야 단단하게 성장할 수 있답니다.

그래서 목표를 세울 때는 나 자신을 이해하고 객관적으로 바라봐야 합니다. 만약 자신을 제대로 이해하지 못한 채 목표를 세우면 너무 벅차거나 반대로 너무 쉬워서 금세 포기할 수도 있고 흥미를 잃을 수도 있어요. 하지만 자신의 성격과 능력, 현재의 모습을 바탕으로 정확하게 목표를 세우면 그 목표를 훨씬 실천하기 쉬워요. 성취했을 때에도 더 큰 보람을 느낄 수 있습니다.

목표는 누구에게나 필요해요. 그리고 그 목표가 정확히 나에게 알맞다면 끝까지 해낼 힘을 얻을 수 있지요. 에디슨처럼 자신에게 맞는 방식으로 꾸준히 나아간다면 여러분도 언젠가는 자신만의 멋진 인생을 만들어 갈 수 있을 거예요.

남이 정해 준 목표가 아니라, 나를 정확하게 이해한 뒤 스스로 세우는 목표가 여러분을 더욱 단단하고 빛나게 만들어 줄 것입니다.

큰 꿈을 꾸면서 참을성 있게 나아가자

미국의 한 대학교에서 아주 흥미로운 실험이 진행

된 적이 있어요. 바로 '마시멜로 실험'입니다. 연구자들은 마시멜로 실험에 참여한 아이들에게 마시멜로 하나씩을 주면서 말했어요. "이 마시멜로를 지금 먹어도 괜찮아. 하지만 15분만 참고 기다리면 하나를 더 줄게." 어떤 아이들은 곧바로 마시멜로를 먹어 치웠고, 어떤 아이들은 꾹 참고 기다렸습니다. 연구자들은 실험에 참여한 아이들을 수년, 수십 년 동안 관찰했어요. 그런데 놀라운 결과가 나왔습니다. 마시멜로를 먹지 않고 참았던 아이들의 학업 성취도가 훨씬 높았던 거예요.

마시멜로 실험은 눈앞의 만족보다는 더 큰 목표를 향해 참을성 있게 나아가는 자세가 중요하다는 걸 보여 줍니다. 큰 꿈을 이루기 위해서는 때로 기다림과 꾸준한 노력이 필요한 법이에요.

앞에서 우리는 자신을 이해하고 알맞은 목표를 세워야 한다는 것을 배웠어요. 또 목표는 구체적이어야 한다는 것도요. 예를 들면 '매일 수학 문제 10개 풀기', '언제나 친구에게 친절하게 인사하기'처럼 말이에요. 하지만 목표를 세우는 일만으로 끝나서는 안 돼요. 우리가 세운 목표가 아무리 작고 사소해 보여도, 그 너머에 있는 더 큰 꿈을 향해 나아가야 비로소 성장할 수 있답니다.

구체적인 목표는 그 자체로도 가치 있지만, 더 크고 멋진 꿈으로 가는 길의 일부이기도 해요. 수학 문제를 열심히 푸는 습관은 나중에 어려운 문제를 스스로 해결하는 능력을 키울 수 있게 해 줍니다. 친절한 인사는 좋은 관계를 만드는 힘이 되지요.

큰 꿈을 가진다는 것은 스스로에게 "나는 언젠가 이런 사람이 되고 싶어."라고 말하며 멋진 미래를 그려 보는 일이에요. 그 꿈을 이루기 위해 지금 내게 맞는 목표를 하나하나 실천한다면, 아무리 멀어 보이는 꿈이라도 현실이 될 수 있습니다.

물론 큰 꿈을 이루기 위해 나아가는 길은 쉽지 않을

거예요. 실패하기도 하고 포기하고 싶을 때가 있기도 하겠지요. 하지만 마시멜로 실험에서 15분 동안 참아 낸 아이들처럼 견디고 계속 나아가는 힘이 있다면, 우리는 분명히 꿈에 한 걸음씩 가까워질 수 있습니다.

여러분은 이미 알고 있어요. 목표는 남이 정해 주는 것이 아니라 여러분 스스로 세워야 한다는 사실을요.

여기에 하나를 더해 보세요. 여러분의 작고 구체적인 목표가 모여서 나중에 더 크고 멋진 꿈으로 이어질 수 있도록 항상 더 멀리에 있는 큰 꿈을 꾸고, 용감하게 나아가는 거예요.

오늘의 작은 목표가 내일의 큰 꿈을 이루는 다리가 된다는 사실을 기억하세요. 그러면 언젠가 여러분도 자신만의 멋진 인생이라는 아주 크고 아름다운 꿈을 이루게 될 거랍니다.

3장
나만의 흥미 찾기

아기 여우는 매일 작은 목표를 이루며 숲속 생활에 익숙해졌어요. 하지만 어느 날 밤, 별을 보며 문득 중얼거렸지요.

"내가 정말 좋아하는 게 뭘까?"

그때 바스락 소리를 내며 얼룩 너구리가 나타났어요.

"그냥 이것저것 해 봐. 나는 예전에 이것저것을 찾아다니다가 나무 열매 찾기를 가장 좋아하게 되었거든."

"모두 해 본다고요?"

"응. 흥미는 머리로 찾는 게 아니라 몸으로 찾는 거야."

그날부터 아기 여우는 새로운 도전을 시작했어요.

돌멩이 쌓기, 꽃향기 모으기, 물웅덩이 점프하기….

그리고 친구들에게 짧은 이야기 들려주기.

어떤 건 금방 **흥미**를 잃었지만,

어떤 건 다시 해 보고 싶어졌어요.

특히 친구들과 이야기를 나눌 때는 마음이 따뜻해졌지요.

아기 여우는 다음 날 아침 해를 보며 다짐했어요.

"내일도 또 새로운 걸 해 보자. 조금씩 나만의 길을 찾아 갈 거야."

최고의 재능은 흥미다

　　당신이 사랑하는 일을 찾아야 합니다. 이것은 일에도, 사랑에도 똑같이 적용됩니다. 위대한 일을 할 수 있는 유일한 방법은 당신이 하는 일을 사랑하는 것입니다. 아직 찾지 못했다면 계속 찾아보세요. 멈춰 있지 마세요!

세계적인 기업 '애플'을 세운 스티브 잡스는 스탠퍼드

대학교 졸업 연설에서 위와 같이 말했습니다. 어마어마한 성공을 거둔 사업가라면 뭔가 특별한 비밀이 있을 법도 한데, 그는 '사랑하는 일'을 찾는 것이 성공의 비결이라고 강조했어요.

우리가 확실한 꿈을 갖고 목표를 세우더라도 흔들릴 때가 있을 거예요. 막상 해 보니 나에게는 재능이 없다고 느껴실 수도 있지요. 하지만 중요한 사실이 하나 있어요. 재능은 흥미에서 시작된다는 것입니다.

흥미는 어떤 일을 할 때 즐겁고, 스스로 자꾸 해 보고 싶어지는 마음이에요. 누군가는 책 읽기를, 누군가는 춤추기나 노래 부르기를 좋아할 수도 있습니다. 흥미는 누구에게나 다르게 나타나요. 그리고 바로 이 흥미가 여러분만의 특별한 재능으로 이어집니다.

한 가지 예를 들어 볼까요? 처음부터 축구를 잘하는 아이는 많지 않아요. 하지만 축구를 좋아해서 매일 공을 차고, 경기를 보고, 기술을 익히다 보면 어느새 실력이 늘

면서 잘하게 되지요. 이때 축구를 잘하게 만들어 준 것은 바로 축구를 좋아하는 마음, 즉 흥미랍니다.

처음부터 잘할 필요는 없어요. 흥미를 가지고 즐기면서 계속하는 것, 이것이 재능을 키우는 가장 좋은 방법이에요.

꿈이 있는데 그 꿈이 나에게 맞는 꿈인지 모르겠나요? 여러분 자신에게 물어보세요. 내 꿈을 내가 정말로 좋아하는지 말이에요.

만약 아직 무엇을 해야 할지 모르겠더라도 너무 걱정하지 마세요. 이제부터 나에게 흥미로운 것이 무엇인지 찾으면 되니까요. 무엇을 할 때 시간이 가장 빨리 가는지, 어떤 활동을 할 때 가장 기분이 좋은지, 스스로 더 알아보고 싶은 것이 있는지 등을 생각해 보면 여러분의 흥미를 발견할 수 있습니다. 그리고 그 흥미를 따라 꾸준히 해 나가면 언젠가 여러분만의 재능이 되어 빛나게 될 거예요.

꼭 기억하세요. 재능은 특별하고 눈에 띄는 게 아닙니다. 나만의 흥미를 발견하고 즐겁게 해 나가는 과정 자체가 이미 멋진 재능이에요.

흥미가 나의 미래를 결정한다

미국의 작가 마크 트웨인은 사업을 하며 수많은 실패를 겪었어요. 그는 신기술 개발에 투자했다가 엄청난 돈을 잃었고, 나중에는 출판사를 차렸지만 회사 경영에 익숙하지 못했던 탓에 파산하고 말았지요. 파산 당시 마크 트웨인의 빚은 오늘날 돈으로 약 30억에 달했습니다. 이때 남편이 사업하는 재주는 없어도 글쓰기를 무척 좋아하고 잘한다는 사실을 알고 있던 아내 올리비아는 마크 트웨인이 다시 창작을 시작하도록 용기를 북돋아 주었어요. 덕분에 그는 재빨리 실패의 고통에서 빠져나와 거대한 문학적 업적을 이룰 수 있었습니다. 오늘날 그는 미국 문학의 아버지라 불리고 있어요.

앞에서는 흥미가 재능으로 이어질 수 있다는 이야기를 했어요. 그런데 마크 트웨인의 이야기를 보면, 흥미가 여러분의 미래를 결정짓는 아주 중요한 열쇠라는 사실을 알게 됩니다.

사람은 누구나 자신이 좋아하는 일에 더 오랫동안, 더 깊게 집중할 수 있어요. 흥미가 있는 일은 시간 가는 줄 모르고 계속하게 되니까요. 그렇게 즐겁게 노력하다 보면 자연스럽게 실력도 늘고, 경험이 쌓입니다.

흥미는 여러분이 스스로 선택하고 꾸준히 해 나가게 만들어 주는 힘이에요. 아무리 의지가 강한 사람이라도 억지로 하는 일은 오랫동안 하기 힘들어요. 좋아하는 일이어야만 힘든 순간이 와도 포기하지 않고 계속할 수 있지요.

혹시 좋아하는 일이 있나요? 그렇다면 여러분의 그

흥미를 재능으로 발전시켜 보세요. 아무리 좋아하고 하고 싶은 일이라도 상상 속에만 머물러 있다면 전혀 발전할 수 없습니다. 일단 시작하고 행동하는 것이 중요해요. 많은 사람이 부러워하는 멋진 직업을 지닌 사람들도 처음에는 작은 흥미에서 시작했을 거예요. 그렇게 시작한 일이 그들의 미래를 활짝 열어 준 것이지요.

그렇다면 여러분 각자의 흥미를 어떻게 찾고 키워 나갈 수 있을까요? 우선, '내가 좋아하는 순간'을 기록해 보세요. 여러분이 언제 가장 재미있다고 느끼는지, 어떤 일을 할 때 시간이 금방 지나가는지 써 보는 거예요. 이런 기록들이 모이면 여러분이 어떤 활동에 흥미를 지니는지 또렷하게 알 수 있습니다.

그리고 여러분이 작게나마 흥미를 가지는 활동을 꾸준히 이어 가 보세요. 예를 들어 노래 부르기를 좋아한다면 매일 10분씩이라도 불러 보는 거지요. 작은 흥미도 꾸준히 실천하면 특별한 재능이 될 수 있으니까요. 언젠가 그것이 여러분의 미래로 이어지는 길이 될 거예요.

이제부터는 흥미를 가볍게 여기지 마세요. 흥미야말로 여러분의 미래를 만들어 가는 중요한 시작점입니다. 좋아하는 일을 마음껏 즐기세요. 그리고 그 흥미를 조금씩 키우고 발전시키세요. 그러면 여러분도 언젠가 "내가 좋아했던 것이 나의 멋진 미래가 되었어!"라고 자신 있게 말할 수 있을 거예요.

흥미를 재능으로 만드는 가장 빠른 방법

지금까지 우리는 나의 흥미를 찾고, 그것을 잘 키워 나가는 방법에 대해 알아봤어요. 그런데 여기서 가장 중요한 한 가지 원칙이 있습니다. 바로 내가 지닌 흥미를 다른 사람과 공유하는 것이에요.

왜 흥미를 공유하는 일이 중요할까요? 흥미를 나누면 우리는 서로 배우고 자극받을 수 있기 때문입니다. 만약 독서를 좋아하는 친구가 자신이 재미있게 읽은 책을 다른 친구에게 소개해 준다면, 그 책을 소개받은 친구도 관심을 가질 수 있겠지요. 반대로 다른 친구의 흥미를 알아 가면서 내가 몰랐던 나의 관심사를 발견하게 될 수도 있고요.

공유할 때 흥미는 더욱 오래 이어질 수 있습니다. "행복은 다른 사람에게 주어도 절대로 줄어들지 않는다. 남을 위해 베풀수록 더 큰 행복을 누리게 된다."라는 말이 있어요. 우리의 흥미 역시 마찬가지입니다. 함께할 친구가 생기면 더 재미있는 데다가, 때로는 힘이 나고, 포기하지 않게 되지요.

빠르게 발전하는 사람의 중요한 특징은 남들과 공유하기를 좋아한다는 점이에요. 남들과 흥미를 나누면 자신의 관심사에 대해서도 더 잘 알게 됩니다. 그러면 어려움이 닥쳐도 쉽게 해결 방법을 찾아낼 수 있지요. 시간이 흐를수록 혼자 책상에 머리를 묻고 있던 사람과 남들과

나누는 사람의 차이는 점점 벌어질 거예요.

 여러분만의 흥미는 정말 소중한 보물이에요. 그 보물을 혼자만 간직하지 말고 조금씩 다른 사람과 나누어 보세요. 그렇게 할 때 여러분은 더 많이 배우고, 더 깊이 성장할 수 있답니다.

4장
끊임없이 배우기

아기 여우는 이야기를 들려줄 때 가장 즐거웠어요.

"이게 내가 좋아하는 일이야!"

하지만 다람쥐가 말했어요. "조금 짧았어."

수달도 말했지요. "무슨 말인지 모르겠어."

아기 여우는 속상했어요.

"나는 이야기하는 데 소질이 없나 봐."

그때 숲속에서 목소리가 들려왔어요.

"흥미는 시작일 뿐이야. 잘하려면 연습이 필요하지."

아기 여우는 매일 하나씩 이야기를 써 보기로 했어요.

처음엔 어려웠지만, 점점 더 재미있는 이야기들이 나왔어요.

친구들은 웃으며 말했어요.
"이번 이야기는 정말 재미있었어!"
아기 여우는 기쁘게 속삭였어요.
"좋아하는 걸 계속하다 보면 잘하게 되는구나."

⭐ 우리의 배움에는 끝이 없다

이번에는 '배움'에 관해서 이야기해 보려 합니다. 배운다고 하면 아마도 학교에서 하는 공부가 가장 먼저 떠오를 거예요.

많은 학생이 공부가 정말 지루하다고 생각해요. 그래서 보통은 얼마나 공부할지 분량을 미리 정해 놓은 뒤 분량을 다 채우면 끝이라고 생각합니다. 기지개를 켜면서 '아, 공부 다 했다!' 생각하는 거예요.

여기서 '다 했다'라는 말은 공부를 저 멀리 밀쳐놓고 마음 편히 쉬겠다는 뜻이에요. 그렇지만 사실 학교에서

하는 공부가 끝은 아니랍니다. 학교 공부가 끝나도 우리는 계속해서 배워야 해요. 인생은 평생 졸업하지 않는 학교와도 같으니까요.

심지어 아무리 좋아하고 잘하는 일이라도 마찬가지예요. 조금이라도 더 나은 결과를 얻기 위해 계속해서 노력해야만 합니다. 그래서 우리는 무언가를 배울 때 온 힘을 다해 모든 시간을 알차게 써야 해요. 충분히 배운 다음에야 우리가 좋아하는 일을 마음껏 즐길 수 있기 때문이지요.

우리가 학교에서 배우는 내용들은 넓은 세상을 살아가기 위한 기초일 뿐입니다. 앞으로 우리가 배워 가야 할 세상이라는 책은 훨씬 두껍고 복잡해요. 사람들과 어울리는 방법, 문제를 해결하는 방법, 직업을 얻어 새로운 기술을 익히는 방법까지 배워야 할 것이 넘쳐나지요.

그렇다면 왜 이렇게까지 평생 배우면서 살아야 하는 걸까요? 계속해서 배워야 하는 이유는 보다 나은 삶을 사는 나, 자유로운 나, 행복한 나로 살아가기 위해서예요. 나중에 여러분이 큰돈을 벌어 부자가 되더라도 재산은 언제든 사라질 수 있습니다. 하지만 여러분이 배워 둔 지식과 재능은 누구도 빼앗을 수 없는 진짜 재산이랍니다.

★ 노력하지 않으면 아무 소용이 없다

우리는 매일 새로운 것을 배우며 살아갑니다. 세상 어디를 가도 배우고 익혀야 할 것들이 있지요. 다른 사람의 생각과 행동에도 우리가 배울 가치가 들어 있어요.

끊임없는 배움은 바닷가에서 모래를 쌓아 성을 만드는 일과도 같아요. 처음에는 손 위에서 흩어지는 모래 알갱이들만 보이겠지만, 그것들이 쌓이면 결국에는 멋진 성이 만들어지는 거예요.

그렇지만 그냥 보기만 하고, 듣기만 한다면 웅장한 모래 성을 쌓을 수 있을까요? 아무리 멋진 축구 기술 영상을 하루 종일 보더라도 직접 몸을 움직이지 않으면 실제 경기에서 그 기술을 사용할 수 없어요. 배운 내용을 진짜 나만의 것으로 만들기 위해서는 노력하는 시간과 땀이 반드시 필요합니다.

많은 학생이 수업을 듣고 책을 읽기만 하면 끝이라고 생각해요. 그런데 며칠 뒤에는 기억이 하나도 나지 않는 경우가 대부분입니다. 왜 그럴까요? 그건 배운 내용을 깊이 생각하지 않고 스스로 익히지 않았기 때문이에요. 노력 없이 배웠다면 그건 진짜로 배운 것이 아닙니다.

배움은 씨앗을 받는 일이고, 노력은 그 씨앗을 자라나게 하는 일이에요. 아무리 좋은 씨앗이 있어도 물을 주고 정성 들여 돌보지 않으면 싹을 틔우지 못하듯이, 아무리 수업을 많이 듣고 어려운 책을 읽어도 노력하지 않으면 배움은 열매를 맺지 못합니다.

진짜로 배우고 싶다면 그만큼 정성과 노력을 들여야 합니다. 아무리 대단한 재능을 타고난 사람이라도 노력하

지 않으면 성공할 수 없어요.

'하늘은 스스로 돕는 사람을 돕는다.'라는 말이 있습니다. 이 말처럼 노력은 성공의 뿌리예요. 배우는 일에 마음과 시간을 담고, 스스로 도전하고 실천해 보세요. 그렇게 할 때 여러분은 배운 것을 자신의 능력으로 만들 수 있습니다.

⭐ 배움의 지름길을 찾자

앞에서 우리는 배운 것을 자신의 능력으로 만들려면 노력이 필요하다는 것을 알게 되었어요. 그렇지만 단순히 많이 노력한다고 해서 모두가 똑같이 좋은 결과를 얻지는 못합니다. '어떻게 노력하느냐', 즉 공부하는 습관과 방법이 정말 중요하지요.

어떤 사람은 하루 종일 책상에 앉아 공부해도 머릿속이 텅 빈 것 같은 기분을 느낄 거예요. 반면 어떤 사람은 짧은 시간 집중해서 좋은 성적을 거두기도 하지요. 이것이 올바른 학습법과 습관의 차이랍니다. 배움에도 지름길이 있는 거예요.

　그렇다면 올바른 학습법을 갖추기 위해서는 어떻게 해야 할까요? 우선 가장 집중이 잘되는 시간을 찾고, 그동안 최대한 효율적으로 공부하는 것이 좋습니다. 그 시간에는 다른 것에 신경 쓰지 않고 여러분이 오늘 이루고자 하는 학습 목표만 달성하는 거예요.

　특히 수업 시간은 가장 중요한 공부 시간이에요. 선생님의 설명을 듣고 그 자리에서 이해하고 정리할 수 있으니까요. 수업 중에는 적극적으로 듣고, 노트에 핵심 내용만 정리해 보세요. 수업이 끝난 직후에 짧게 복습을 하면 기억이 훨씬 오래간답니다.

　또 책을 그저 읽기만 하면 공부가 제대로 되지 않아요. 학습 내용을 읽고 적극적으로 질문을 던져야 머릿속에 있는 지식을 실제로 사용이 가능한 능력으로 바꿀 수 있는 거예요. 그러니 질문을 두려워하지 마세요. 질문은 창피한 일이 아니라 배움을 빠르게 완성하는 가장 좋은 도구입니다.

수업 중간에 생긴 궁금증은 수업이 끝나자마자 선생님께 여쭈어보세요. 친구들과 공부하다 모르는 것이 생겨도 곧바로 질문하는 것이 좋아요. 질문을 자주 할수록 내가 무엇을 정말로 알고 있고, 무엇을 모르는지 정확하게 알게 됩니다.

마지막으로 배움의 가장 중요한 단계는 '나만의 학습법'을 만드는 것입니다. 하버드 대학교 학생들도 모두 똑같은 방식으로 공부하지는 않아요. 물론 다른 사람의 학습법을 참고할 수는 있지만, 나에게 맞는 방법을 찾는 것이 가장 중요합니다.

어떤 친구는 아침에 공부가 잘되고, 어떤 친구는 조용한 공간에서 집중력이 높아질 수 있어요. 누군가는 배운 내용을 그림으로 그릴 때 오랫동안 기억에 남을 수도 있지요.

이처럼 누구나 스스로에게 알맞은 방법으로 배워야 합니다. 여러 방법으로 공부하면서 내가 어떤 상황에서 더 잘 이해하고 오래 기억하는지를 실험해 보세요.

공부는 무조건 오래 한다고 잘되는 것이 아니에요. 앞으로 평생을 배우며 살아야 하는 만큼, 어떻게 공부하는가가 가장 중요합니다.

배움의 진정한 목표는 많이 아는 것이 아니라, 평생 배우며 살아갈 수 있는 능력을 기르는 것입니다. 그 말은 결국 자신에게 알맞은 학습법을 찾아내는 것이 배움의 핵심이라는 뜻이에요.

여러분도 올바른 공부 습관과 나만의 학습법을 찾아보세요. 그 습관이 모이면 여러분은 더 빠르게, 더 깊이 있게 배우는 사람이 될 수 있을 테니까요.

⭐ 배움은 우리를 즐겁게 한다

배움의 진짜 힘은 즐거움에 있습니다. 우리가 무언가를 배우면 세상을 보는 눈이 달라져요. 모르는 것을 하나씩 알아 가면서 그 안에 숨어 있는 놀라운 이야기를 발견할 때, 우리는 생각보다 훨씬 더 큰 기쁨을 느낄 수 있답니다.

한번 상상해 보세요. 역사의 한복판에서 위인들과 함께 이야기를 나누고, 지구 반대편에 사는 친구들의 문화를 직접 체험하고, 망원경을 들고 우주의 끝을 바라보며 별과 별 사이를 누비는 기분을요. 이 모든 것이 배움을 통해 가능해집니다.

배움은 우리를 새로운 세계로 데려다주는 티켓이라고 할 수 있어요. 그리고 그 세계는 책 속에, 수업 속에, 무엇보다 여러분의 질문 속에 있습니다.

물론 여러분이 배우는 모든 것이 처음부터 재미있지

는 않을 거예요. 흥미로운 지식도 있지만, 처음에는 어렵고 지루하게만 느껴지는 내용도 있지요. 그럴 때는 속으로 생각해 보세요. '나는 나를 위해 배우는 거야.'라고요.

배움 속에는 우리를 기쁘게 하고, 스스로를 대단한 사람처럼 느끼게 만들어 주는 순간들이 숨어 있어요. 마침내 어려운 문제를 풀었을 때, 전에 몰랐던 내용을 갑자기 이해하게 되었을 때, 여러분이 아는 지식을 친구에게 설명해 줄 때 느끼는 기쁨은 어떤 놀이보다도 짜릿하답니다.

영국의 과학자 프랜시스 베이컨은 "아는 것이 힘이다."라고 말했어요. 아는 것은 우리를 변화시키고 기쁨을 줍니다. 배움에는 끝이 없지만, 그만큼 매일 새롭고 놀랍지요. 배움은 여러분을 지혜롭게 만들고, 미래를 더 나은 세상으로 가꾸는 멋진 어른으로 자라게 해 줄 거예요.

성공은 끊임없는 배움으로 완성된다

여러분은 성공이 무엇이라고 생각하나요? 좋은 성적을 받는 것, 유명한 사람이 되는 것, 돈을 많이 버는 것 등 사람마다 생각하는 성공은 다를 수 있어요. 그렇지만 어떤 목표를 지녔든 성공하기 위해 반드시 필요한 한 가지가 있답니다. 바로 끊임없는 배움이에요.

우리가 아는 유명하고 훌륭한 사람들 대부분은 배움을 통해 성공을 거뒀어요. 세상은 강물처럼 끊임없이 흘러갑니다. 배움은 배를 타고 이 강물을 거슬러 올라가는 것과 같습니다. 배우지 않고 그대로 멈추어 있으면 나아가지 못하고 계속 뒤처지기만 할 뿐이에요. 성공하고 싶다면 배움에 즐거움을 느끼고 계속해서 공부를 해야 하지요.

세계적인 발명가 토머스 에디슨은 어릴 때 학교에서 퇴학당했지만, 혼자서 책을 읽고 실험하며 자신의 능력을 쌓았어요. 그 덕분에 전구와 축음기 같은 엄청난 발명품을 만들 수 있었습니다.

에디슨은 전구를 만들 때 수천 번의 실패를 경험했다고 해요. 그런데 사람들이 그에게 어떻게 그렇게 많은 실패를 딛고 일어설 수 있었느냐고 물어보자, 에디슨은 이렇게 대답했다고 합니다.

"나는 실패한 것이 아니라 성공하지 않는 방법을 수천 가지 배운 것뿐입니다."

이 말 속에는 배움을 멈추지 않았던 그의 태도가 담겨 있어요.

공부는 단순히 책상 앞에 앉아 있는 시간이 아니에요. 배움은 스스로에 대한 도전이고, 어제보다 더 나은 내가 되기 위한 약속이지요. 앞으로는 모르는 것을 만나도 두려워하지 않기로 해요. 두려움 대신 호기심으로 다가가 배운다면 우리는 훨씬 많이 배울 수 있습니다.

그리고 배운 내용을 다른 사람과 나눠 보세요. 그러

면 여러분의 머릿속에 지식이 더욱 깊이 자리 잡을 수 있어요. 설명하면서 또다시 배우게 되거든요.

성공은 단번에 이루어지지 않아요. 차근차근 여러분의 배움을 쌓아 나갈 때 성공은 우리 앞에 다가옵니다. 배우는 것을 즐기고, 실수해도 다시 일어서고, 계속 질문하면서 답을 찾다 보면 여러분은 어느새 여러분이 원하는 성공 앞에 가까이 다가갈 수 있을 거예요.

그러니 오늘도 조금 더 배우고, 내일은 그보다 한 걸음 더 나아가 봅시다. 끊임없이 배우는 사람이 결국 멋지게 성장한답니다.

2부

꿈을 현실로 만드는
방법

시간 관리하기

아기 여우는 할 일이 점점 많아졌어요.

이야기 쓰기, 친구 만나기, 먹을 것 찾기까지!

그런데 어느 날은 하루가 금세 지나가 버렸어요.

"아무것도 제대로 못 했잖아…."

아기 여우는 시무룩했어요.

그때 다람쥐가 다가와 말했어요.

"나는 아침에 무슨 열매를 주울지 먼저 정해. 그러면 하루를 훨씬 알차게 쓸 수 있지."

아기 여우는 다음 날, 조약돌에 해야 할 일을 적어 보았어요.

'이야기 쓰기, 물고기 관찰하기, 친구에게 인사하기.'

하루가 끝나자 아기 여우는 웃으며 말했어요.
"오늘은 정말 뿌듯해!"
아기 여우는 깨달았어요.
"좋아하는 걸 잘하려면, 시간을 잘 써야 해."

성공의 비밀은 시간 관리에 있다

하버드 대학교의 에드워드 밴필드 교수는 오랫동안 미국 사회에 대해 연구했어요. 그가 던졌던 질문은 '왜 어떤 사람들은 다른 사람보다 더 성공하고 행복하게 사는가?'였습니다.

밴필드가 보기에 성공하지 못한 사람들은 대부분 시간을 관리하는 능력이 부족했어요. 그래서 계획을 세우기보다는 당장 하고 싶은 것에 집중했지요. 반면 성공한 사람들은 대부분 계획을 세워서 시간을 관리했어요. 밴필드는 다음과 같이 말했어요. "돈도 중요하지만, 가장 중요한 것은 시간을 잘 관리하는 능력입니다!"

이 세상에서 가장 공평한 것이 무엇일까요? 바로 시간입니다. 부자든 가난한 사람이든, 어린이든 어른이든 모두에게 하루는 24시간으로 공평하게 주어져요. 그렇지만 어떤 사람은 그 24시간으로 꿈을 이루는 반면 어떤 사람은 시간을 그냥 흘려보내고 맙니다. 그 차이는 바로 '시간을 어떻게 사용하느냐'에서 발생해요.

하버드 대학교에서는 세계 최고의 학생들이 새벽 늦게까지 열심히 공부합니다. 그뿐만 아니라 캠퍼스를 걷는 학생 모두가 빠르게 움직인다고 해요. 수업에 늦어서가 아니라, 어려서부터 '시간 위기의식'을 배웠기 때문이지요.

누군가 맛있는 간식을 먹으면서 여유를 부릴 때 또 다른 누군가는 자신의 미래를 위해 책을 펼쳐요. 누군가 주말에 늦잠을 자는 동안 누군가는 이른 아침부터 일어나 하루를 계획하고 준비하지요. 이것이 미래의 차이를 만드는 습관입니다.

　시간은 우리가 가만히 있을 때도 계속해서 흘러가요. 심지어 흘러간 시간은 다시는 돌아오지 않지요. '시간은 금이다.'라는 명언은 단순히 멋진 말이 아니라, 우리의 현실을 담고 있는 조언입니다.

　그렇다면 우리는 어떻게 시간을 계획해야 할까요? 많은 하버드 대학교 학생들이 실천하는 시간 관리법을 소개해 줄게요.

　먼저 하루를 계획 세우기로 시작하세요. 오늘의 목표가 무엇인지, 꼭 해야 할 일이 무엇인지 정하는 거예요. 구체적인 계획은 하루를 더욱 알차게 보낼 수 있도록 만들어 줍니다.

　하루의 계획을 세우는 데 익숙해졌다면 다음으로는 한 주, 한 달 단위로 긴 계획을 세워 보세요. 이러한 계획 세우기는 단지 여러분의 할 일을 정하는 행동이 아니라,

여러분의 미래를 상상해 보는 행동이기도 하답니다.

계획을 세웠다면 친구와 서로의 계획을 나누고 도와주는 것도 좋습니다. 부모님이나 선생님이 정해 주는 것보다 여러분 스스로 계획을 점검하고 응원한다면 더욱 힘이 날 테니까요.

우리의 시간은 결코 넉넉하지 않아요. 어떤 일을 정말 해내야 하는 순간에는 시간이 충분하지 않을 가능성이 높지요. 게다가 우리는 살아가면서 점점 더 해내야 할 일이 많아질 테고, 반대로 사용할 수 있는 시간은 점점 줄어들 것입니다. 그래서 계획 없이 미루기만 한다면 밝은 내일은 절대 오지 않습니다.

반대로 오늘 10분을 아껴 공부한다면 그 시간이 쌓여 1년 후에는 놀라운 성장을 이룰 수 있습니다. 그렇기 때문에 우리는 어릴 때부터 시간의 소중함을 배워야 하는 거랍니다.

미루지 말고 지금 당장 움직이자

세상에서 가장 쉬운 핑계는 '내일부터 하기'예요. 하지만 이는 세상에서 가장 위험한 핑계이기도 합니다. 계속해서 지금 할 일을 내일로 미루다 보면 미루는 습관이 평생 동안 쌓일 테고, 그 습관은 꿈을 포기하게 만드는 가장 무서운 적이 될 수도 있어요.

혹시 공부 계획은 멋지게 세웠지만 책 한 장도 펼치지 않은 채 시험 전날을 맞이했던 기억이 있나요? 이럴 때 필요한 것은 똑똑한 머리도, 완벽한 계획도 아니에요. 여러분에게는 단 한 가지, 당장 시작하는 용기가 필요합니다.

계획을 세웠다면 조금 부족하더라도 바로 실천해야 합니다. 지금 행동하지 않으면 반드시 더 하기 싫어지는 순간이 찾아오니까요. 그럴 땐 그냥 책상 앞에 앉아 책을 펴 보세요. 시작한 순간, 이미 절반은 성공이라고 할 수 있습니다.

완벽해야 한다는 마음을 내려놓으세요. 지금 당장 10분 만이라도 해 보세요. 시작하고 나면 자신감도 생기고 속도도 붙을 거예요.

여러분에게는 오늘이 가장 빠른 날이에요. "언젠가 할 거야."라고 말하는 사람은 그 '언젠가'를 영원히 기다릴 수도 있어요. 그러니 오늘, 지금, 이 순간 마음을 먹었다면 곧바로 행동으로 옮기세요. 그 한 걸음이 여러분을 완전히 새로운 세상으로 이끌어 줄 테니까요.

⭐ 시간 도둑을 잡자

하버드 대학교를 졸업한 찰스라는 청년이 있었어요. 그는 졸업 후 뉴욕의 한 회사에서 일하게 되었습니다. 그러다 시간이 흘러 어느 프랑스 기업이 찰스의 회사를 사들였어요. 회사의 주인이 바뀐 것이지요.

회사가 합쳐진 첫날, 새로 주인이 된 회장이 직원들에게 말했어요.

"기존에 있는 직원들을 함부로 해고할 생각은 없습니다. 그러나 시간이 지나도 다른 직원들과 일하기 어려울 정도로 프랑스어 실력이 올라오지 않는다면 떠나 주실 수밖에 없습니다. 몇 달 후 프랑스어 시험을 보아 합격한 사람만 회사에 남기기로 하겠습니다."

그때부터 거의 모든 직원이 프랑스어를 공부하기 위해 도서관으로, 카페로 향했어요. 그렇지만 갑자기 공부에 집중하기는 어려웠지요. 그런데 찰스만은 평소와 다름없이 곧바로 집으로 돌아갔어요. 동료들은 그가 이미 직장을 포기했다고 생각했지요.

그런데 시험 결과가 나온 후, 사람들은 깜짝 놀랐어요. 찰스가 최고점을 받았기 때문이에요. 알고 보니 그는 회사에 입사했을 때부터 아무리 바빠도 매일 조금씩 프랑스어를 공부해 왔던 거예요. 이 회사에서는 유난히 다른 프랑스 업체와 일하는 경우가 많았거든요. 적은 시간을 최대한 활용해서 매일 꾸준히 공부한 그의 노력이 빛을 보는 순간이었어요.

공부하려고 책을 펼쳤는데, 어느새 휴대전화를 만지작거리며 영상을 보거나 딴생각에 빠진 적이 있지 않나요? 바로 '시간 도둑'이 찾아온 것입니다.

시간 도둑은 어둠 속에 숨어 있는 무서운 존재가 아니에요. 우리 곁에 아주 익숙한 모습으로 함께하지요. 아무리 좋은 계획을 세우고 마음을 다잡아도 시간을 슬쩍 가져가 버리는 시간 도둑이 있다면 우리는 목표를 이루기 힘들 거예요.

앞의 이야기에서 찰스의 동료들은 "시간이 너무 부족해!"라며 푸념했을지도 몰라요. 그렇지만 이미 준비된 사람에게는 시간이 부족하지 않습니다. 한 방울 한 방울의 시간도 놓치지 않고 활용한다면 남들보다 더 많은 시간을 가진 것처럼 살아갈 수 있어요.

먼저 하루를 시간별로 나눠서 내가 하루 동안 무엇을 하는지 적어 보세요. 책상에 앉아 한참 동안 휴대전화만 들여다본 적이 있나요? 아니면 멍하니 앉아 다른 생각에 잠겼던 적이 있나요? 하루에 사용한 시간을 기록하면 어디에서 시간이 새고 있는지 알게 될 거예요.

여러분의 시간을 가장 많이 훔쳐 가는 시간 도둑이 누구인지 알았다면, 방해되는 요소를 미리 제거해 두세요. 휴대전화 알림을 끄거나 책상 정리를 일찌감치 끝내 두는 것도 좋습니다. 이런 준비는 우리를 더 집중하게 도와줄 거예요.

하버드 대학교 교수 중에는 이른 나이에 학자에게 주어지는 최고의 상인 노벨상을 받은 사람도 있어요. 그러나 그들 역시 나이가 들어서도 연구를 멈추지 않습니다. 낭비되는 시간을 아끼고 연구에만 집중할 수 있도록 계속해서 노력하지요.

그들은 매일 내딛는 한 걸음이 자신의 잠재력을 발휘하게 해 준다는 사실을 알고 있습니다. 누가 시키지 않았다고 가만히 있는다면 늘 제자리에 머물러 있을 수밖에 없어요. 노벨상을 수상한 뛰어난 사람이라 해도 게으르게 시간을 보낸다면 늘 시간을 아끼며 노력하는 사람보다는 뒤처지게 마련입니다.

시간 관리는 '단순히 바쁘게 살기'를 의미하지 않습니다. 시간을 아끼는 일은 자신을 아끼는 일과도 연결되어 있어요. 하루 10분씩만 모아도 일주일이면 70분, 한 달이면 무려 5시간 정도가 생깁니다. 꿈을 이루기 위한 공부, 운동, 독서 등에 이 시간을 사용한다면 여러분은 다른 친구들보다 저 멀리 앞서 나갈 수 있답니다.

참을성 기르기

아기 여우는 매일 시간을 정해 이야기를 썼어요.
하루는 도무지 좋은 이야기가 떠오르지 않았어요.
"왜 이렇게 생각이 안 날까…."
곁에서 나뭇가지를 모으던 고슴도치가 말했어요.
"나도 둥지를 만들 때 실패하기도 해.
하지만 천천히 하다 보면 언젠가는 만들 수 있어."
아기 여우는 깊게 호흡하고 다시 그루터기에 앉았어요.
이야기가 생각나지 않으면 조용히 별을 보며 기다렸지요.
그날 밤, 아주 작은 이야기 하나가 떠올랐어요.
짧지만 따뜻한 이야기였어요.

아기 여우는 미소 지었어요.

"당장 안 된다고 실망할 필요는 없어.
기다리는 연습도 중요해."

⭐ 어려움을 참고 견딜 때 성장할 수 있다

여러분은 나무가 어떻게 자라는지 알고 있나요? 거대한 나무도 처음에는 작은 씨앗일 뿐이에요. 씨앗은 높이 자라기 위해 뿌리를 내리고 싹을 틔우지요. 그때부터 수많은 어려움이 찾아와요. 햇볕을 쬐고 비를 맞고, 겨울마다 찾아오는 거센 바람과 추위도 견뎌야 합니다. 그 과정을 이겨 낸 나무는 언젠가 멋진 꽃을 피우고 튼튼한 열매를 맺어요.

우리도 마찬가지예요. 살다 보면 힘들고 참기 어려운 일이 생길 수 있어요. 그렇지만 바로 그 순간에도 우리는 자라고 있습니다.

힘든 일을 겪을 때마다 '왜 나만 이런 일을 겪어야 하지?'라고 생각할 수도 있어요. 공부가 잘 안되거나, 친구와 다투거나, 실패를 경험할 때마다 말이에요. 하지만 그런 순간이야말로 여러분이 한 걸음 더 성장할 좋은 기회입니다.

하버드 대학교를 졸업하는 날, 한 학생이 졸업 연설에서 후배들에게 전한 말이 있어요.

"어려움 속에 있더라도 참아 내는 경험을 쌓아야 합니다. 그러면 고생스럽고 힘들어 보이던 우리 주변의 환경이 결국 여러분을 최후의 승자로 만들어 줄 것입니다."

참을성은 당장의 고통이나 억울함을 이기는 힘이 됩니다. 또한 수많은 어려움이 존재하는 삶을 살아가는 데 있어서 지혜가 되어 주기도 하지요. 때로는 다른 사람에 비해 손해를 보며 사는 것 같아도, 마지막까지 기다리고 참는 사람이 더욱 성장할 수 있어요.

그럼에도 불구하고 이제 갓 10대가 된 여러분은 성급

해지는 경우가 많아요. 시험 성적이 떨어지면 "나는 공부와는 거리가 멀어."라고 말하며 지레 공부를 포기하고 싶은 마음이 들기도 합니다.

참을성은 마음이 단단한 사람만이 갖출 수 있는 최고의 능력입니다. 평범한 사람은 억울한 일을 당하면 참지 못해 곧장 발끈하고, 남들이 나를 믿어 주지 않으면 화를 내요. 그렇지만 자신의 감정을 조절하며 참고 기다리는 사람, 넘어져도 다시 일어나는 사람, 포기하지 않고 걸어가는 사람이 결국 인생의 주인공이 될 수 있답니다.

여러분에게도 종종 힘든 일이 생길 거예요. 그럴 때 이렇게 생각해 보세요.

"나는 지금 나무처럼 뿌리를 내리는 중이야."

참을성을 기르다 보면 언젠가 여러분의 마음속에 성장이라는 아름다운 꽃이 피어날 거예요.

끝까지 포기하지 말자

누구나 한 번쯤은 이런 생각을 해 봤을 거예요.

'왜 나는 저 친구처럼 똑똑하지 않을까?'

'왜 나는 다른 사람만큼 해내지 못할까?'

그럴 때마다 자신이 부족하다고 느껴져서 지금 하고 있는 일을 그만두고 싶은 마음이 샘솟기도 하지요. 하지만 처음에 잘하고 못하고는 그리 중요하지 않아요. 진짜 중요한 것은 '포기하지 않기'입니다. 아주 조금씩이라도 포기하지 않고 계속 노력하면 결국 큰 변화를 만들어 낼 수 있어요. 그것이 바로 꾸준함의 힘이랍니다.

오늘의 내가 어제의 나보다 아주 조금이라도 나아졌다면, 여러분은 성장한 거예요. 처음에는 영어 단어 하나를 외우는 것도 어려워요. 책 한 장을 읽기도 힘들지요. 하지만 하루하루 포기하지 않고 반복하면 나도 모르는 사이 실력이 쌓이게 됩니다.

현재의 모습은 여러분의 미래를 결정하지 않아요. 오히려 지금 발견한 부족한 점이 여러분을 발전시킬 기회가 될지도 모릅니다.

내 뜻대로 되지 않을 때 '나는 왜 이 모양일까?' 하고 실망하기보다는 '이것만 고치면 나는 더욱 성장할 거야.'라고 자신을 다독여 주세요. 잘하려고만 하면 부담이 커지니까요. 완벽해야만 의미가 있다고 생각하면 시작조차 어려울 수 있어요.

여러분에게 필요한 것은 완벽한 능력이 아니라 끝까지 가겠다는 마음이에요. 꾸준한 사람에게는 반드시 기회가 찾아옵니다. 노력은 여러분을 배신하지 않으니까요. 이와 반대로 마지막 순간까지 참지 못한다면 우리의 노력은 아무런 열매를 맺지 못합니다.

무한한 성장 가능성을 지닌 여러분은 참을성을 기를 수 있는 아주 좋은 시기를 보내고 있어요. 숙제를 미루지 않고 끝까지 해내는 것, 운동 경기에서 질 게 뻔하더라도

포기하지 않고 마지막까지 최선을 다해 뛰는 것. 이 모든 일은 작은 실천인 동시에 여러분을 성공으로 이끄는 거대한 한 걸음이기도 합니다.

단순히 끈기를 지니라는 말이 아니에요. 끝까지 한다는 말은 포기하고 싶을 때마다 다시 일어서는 용기, 힘들어도 언젠가는 열매를 맺을 거라고 믿는 마음, 그 어떤 어려움도 나를 멈출 수 없다는 다짐이에요.

지금은 여러분이 스스로를 믿고 한 걸음 더 내디딜 시간입니다. 지금 당장 잘하지 않아도 괜찮아요. 포기하지 않고 끝까지 해내는 사람이야말로 정말로 강한 사람이랍니다.

흔들리지 않는 신념을 갖자

선수 수십 명이 참가하는 달리기 시합이 열렸어요. 메달은 금메달, 은메달, 동메달 3개뿐이었습니다. 치열

한 경쟁이 펼쳐졌어요. 이때 간발의 차로 결승점에 4등으로 들어온 선수가 있었어요. 아쉽게 메달을 놓친 그 선수는 자기 지역 사람들로부터 그보다 늦게 들어온 선수들보다도 훨씬 큰 조롱을 받았습니다.

"어차피 메달을 못 딴 건 똑같은데, 4등이 꼴찌와 다를 게 뭐야?"

그렇지만 그 선수는 기죽지 않고 자신을 조롱하는 사람들에게 이렇게 대답했어요.

"메달은 따지 못했지만, 메달을 따지 못한 선수 중에서는 내가 1등이잖아!"

끝까지 포기하지 않고 해내는 힘은 바로 흔들리지 않는 신념에서 나와요. 신념은 굳게 믿는 마음을 뜻합니다.

사람은 누구나 흔들릴 때가 있어요. 주변에서 여러분에게 부정적인 말을 하면 내가 하려는 일이 잘못된 것은 아닐지 의심이 생기기도 하지요. 또는 기대만큼 결과가 따라오지 않으면 스스로를 깎아내리기도 해요.

그럴 때 필요한 것이 나만의 중심을 단단히 붙잡는 신념이에요. 신념은 내가 가야 할 방향을 잃지 않게 해 주는 나침반입니다.

어느 책에서는 이렇게 말했어요.

"신념은 씨앗과 같다. 처음에는 보이지 않지만 땅을 뚫고 자라 꽃을 피우고 열매를 맺는다."

우리는 당장 눈에 띄는 결과보다 우리 안에서 자라는 내 마음의 중심을 믿어야 해요.

그렇다면 우리는 어떻게 해야 흔들리지 않는 신념을 기를 수 있을까요? 가장 중요한 건 나 자신과 대화를 나누고 격려하는 일입니다. 매일 아침 거울을 보며 거울 속 여러분에게 말해 보세요.

"나는 잘할 수 있어. 나는 꾸준히 성장하고 있어."

작은 응원이라도 매일 하면 마음이 단단해져요. 자기 자신을 꾸준히 격려하면 마음속에 자신감이라는 기둥이 세워질 거예요. 그러면서 여러분의 신념도 더욱 강해지겠지요.

어떤 하버드 대학교 교수는 이렇게 말했어요.

"위대한 사람과 평범한 사람의 차이는 꿈을 믿는 마음에서 나온다."

누구나 꿈은 꿀 수 있어요. 하지만 그 꿈을 믿고 끝까지 노력하는 사람만이 진짜 성공적인 삶을 살 수 있습니다. 중요한 것은 지금 눈에 보이는 결과가 아니라 굳은 신념이에요.

하루에 하나씩 성장하자

어려서부터 몸이 약했던 아이가 있었어요. 아이는 체육 수업을 두려워했지요. 달리기 경주를 하면 늘 꼴찌였거든요. 학교에 가기 싫어하는 아이에게 엄마가 말했어요.

"괜찮아. 너는 아직 어리니까 달리기가 느릴 수밖에 없지. 다음번에는 바로 앞사람만 따라잡겠다는 마음으로 달려 보렴."

아이는 엄마의 말을 듣고 용기를 얻었습니다. 그 후 아이는 달리기 경주를 할 때마다 자신의 앞에 있는 친구를 따라잡기 위해 온 힘을 다했어요. 늘 꼴찌였던 아이는 서서히 한 명 한 명 제치기 시작했고, 한 학기가 지나기도 전에 반에서 중간 수준의 실력이 되었지요. 어느새 아이는 체육 시간을 좋아하게 되었습니다.

여러분은 '티끌 모아 태산', '천 리 길도 한 걸음부터'라는 속담을 알고 있나요? 이 속담들의 교훈은 무엇일까요? 이 속담들은 작은 노력이 쌓이면 언젠가 큰 변화를 만들어 낼 수 있다는 교훈을 담고 있습니다. 사소하다고 지나쳐 버리는 것들에 우리가 한 단계 성장할 기회가 숨어 있다는 의미가 있기도 하고요.

우리의 삶은 달리기 경주와 같아요. 단숨에 결승선을 통과하려고 빨리 달리는 사람은 중간에 달리기를 포기하게 될지도 몰라요. 반면 한 걸음 한 걸음 매일 조금씩 나아가는 사람은 순조롭게 결승선에 도달할 수 있지요.

　성공은 빠르게 가는 것이 아니라 끝까지 가는 것이에요. '앞 사람만 따라잡자.'라고 생각하며 달려갔던 이야기 속 아이처럼, 우리도 어제의 나보다 한 발짝만 더 성장해도 충분합니다. 작은 목표를 세우고 해냈을 때의 성취감이 우리를 더욱 큰 성장으로 이끌어 줄 테니까요.

　지금부터 끝내지 못한 작은 일들에 관심을 가져 보세요. 여러분이 결심만 하고 실천하지 못했던 사소한 일들에 관심을 기울여 보면, 생각보다 쉽게 끝낼 수 있어서 놀랄지도 모릅니다. 그렇게 꾸준히 작은 일을 하나씩 해내다 보면 언젠가 스스로도 놀랄 만큼 멋진 사람이 되어 있을 거예요.

7장
언제나 정직하기

아기 여우는 친구들에게 새로운 이야기를 들려주었어요.

모두가 감탄했지요.

"정말 멋진 이야기야!"

그런데 사실 그 이야기는 며칠 전 수달이 해 준 이야기에서

살짝 가져온 거였어요.

아기 여우는 마음이 불편했어요.

밤이 되자 더는 견딜 수 없게 되었지요.

친구들을 불러 모은 아기 여우가 말했어요.

"사실 그 이야기는 내가 지은 게 아니었어. 수달이 들려준

이야기였거든."

잠시 정적이 흘렀지만, 곧 다람쥐가 말했어요.

"솔직하게 말해 줘서 고마워!"

수달도 웃으며 고개를 끄덕였어요.

"앞으로는 너만의 이야기를 기대할게."

아기 여우는 마음이 후련해졌어요.

"정직하게 말하길 잘했어. 앞으로는 진짜 나만의 이야기를 만들 수 있도록 더 노력할 거야."

★ 정직은 우리를 더 행복하게 만들어 준다

미국의 한 마을에 토머스라는 열쇠 수리공이 살았습니다. 어느 날, 무척 급해 보이는 부자 하나가 고장 난 금고를 들고 와서 맡겼어요. 그는 얼른 금고를 열어야만 한다고 재촉하면서, 금고 안에 들어 있는 금괴만 자신에게 주면 나머지 돈은 전부 가져도 된다고 했어요. 하지만 토머스는 금고를 고치는 데 드는 비용을 정확하게 계산해서 남은 돈을 그대로 돌려주었습니다.

사람들은 토머스를 점점 더 믿기 시작했어요. 그가 정직하다고 소문이 나자 토머스를 찾는 손님이 끊이지 않았지요. 결국 그는 마을에서 가장 성공한 수리공이 되었습니다. 토머스는 당장의 돈을 포기한 대신 그보다 더 중요한 사람들의 '신뢰'라는 보물을 얻게 된 것이지요.

여러분은 거짓말을 해 본 적이 있나요? 예를 들면 "숙제는 했는데 집에 두고 왔어요.", "엄마가 오늘 학교 안 가도 된다고 했어요." 같은 말이요. 거짓말을 하면 당장 혼나는 일을 피할 수 있으니 편하게 느껴질지도 모릅니다.

하지만 여러분의 말이 진실이 아니라는 것을 적어도 한 명만큼은 알고 있습니다. 바로 여러분 자신이에요. 거짓말을 하면 마음 한편이 찜찜해서 오랫동안 불편한 기분이 남기도 하지요.

거짓말은 또 다른 거짓말을 낳기도 해요. 친구에게

거짓말을 한 뒤에 그 사실을 숨기기 위해 다시 거짓말을 하게 되는 것이지요.

정직한 사람은 숨길 것도 없고 돌려 말할 필요도 없어요. 여러분의 잘못을 솔직하게 말하면 오히려 마음이 편해지고, 다음에는 더 잘해야겠다는 다짐을 할 수도 있어요. 이것이 정직이 주는 힘입니다.

바르고 곧음을 뜻하는 정직은 인간관계에서 무척 중요합니다. 서로를 진심으로 대하고, 진실만을 말하고 행동하며 믿을 만한 사람이 되는 것은 좋은 우정을 위한 지름길이기도 하지요.

혹시 요령을 피우며 적당히 거짓말로 자신을 꾸미고 사람을 사귄다면 결국 외로움이라는 이름의 무덤을 파는 꼴이 될 거예요. 반대로 친구들과의 관계에서 정직하게 행동하면 여러분은 친구들과 순조롭게 잘 지낼 수 있을 겁니다.

하버드 대학교에서는 사람의 매력이 정직함에서 온

다고 가르쳐요. 진심과 믿음으로 사람을 대하면 상대방도 여러분을 더 믿고 이해해 주게 됩니다. 이 믿음을 바탕으로 여러분은 더 많은 기회를 얻을 수 있어요.

그럼 정직한 사람이 되려면 어떻게 해야 할까요? 먼저 사소한 일에서부터 진실하기 위해 노력해야 합니다. 작은 일을 우습게 여기는 사람이 많아요. 별일도 아니니 적당히 거짓말로 넘어가도 된다고 보는 거지요. 그런 사람들은 큰일만 정직하게 하면 그만이라고 생각할지도 몰라요.

하지만 작은 일에서조차 정직하지 못한 사람이 과연 큰일에서는 정직할까요? 작은 일도 정직하게 하는 습관을 길러야 큰일에서도 같은 태도를 유지할 수 있습니다.

우리 친구들에게 정직이란 열심히 공부하고 학생으로서의 본분을 잘 지키는 것입니다.

농부에게 정직이란 사람들이 먹을 곡식과 채소, 과일을 길러 내는 것이지요. 군인에게는 나라를 든든하게 지키는 것이 정직이에요. 이처럼 정직은 자신이 할 일을 정확하게 해내는 걸 뜻하기도 합니다.

처음에는 여러분의 일을 정직하게 해내는 것이 불편하고 손해 보는 일처럼 느껴질 수 있어요. 하지만 시간이 지날수록 정직한 태도는 여러분을 특별한 사람으로 만들어 줍니다. 정직한 사람은 결국 모두의 사랑과 신뢰를 얻게 되지요.

기억하세요. 정직함은 결코 손해 보는 행동이 아닙니다. 그 이득은 결국 여러분에게 돌아와요. 정직해질수록 여러분의 미래는 더욱 평탄해지고, 더욱 행복한 삶을 향해 나아가게 될 것입니다.

실패는 담담히 받아들여라

정직함은 단지 거짓말을 하지 않는 것만을 의미하지 않아요. 정말 정직한 태도를 지닌 사람은 자신의 부족함도 솔직하게 인정할 줄 아는 사람이에요. 실수를 다른 사람이나 상황 탓으로 돌리지 않고 스스로를 돌아볼 줄 아는 태도도 정직의 한 모습이지요.

운동장에서 축구를 하다가 패스를 잘못해서 상대 팀에게 골을 허용했다고 생각해 볼까요? 그럴 때 여러분은 수많은 핑곗거리를 찾아낼 수도 있을 거예요. "바람이 심하게 불어서 그런 거야!", "다른 팀원들이 움직이지 않았잖아!"처럼 말이에요. 하지만 핑계는 여러분을 발전시킬 수 없습니다.

여러분이 만약 "미안해. 내가 좀 더 집중했어야 했는데."라고 말하면 어떤 일이 일어날까요? 아마 같은 팀원들에게도 여러분을 믿고 함께 열심히 하려는 마음이 생길 거예요. 부족함과 실수를 인정하는 일이 부끄러울 수는 있겠지만, 부족함을 받아들이면 더 성장할 수 있어요.

앞으로는 여러분의 부족함을 솔직하게 인정해 보세요. 물론 주변 환경, 친구, 부족한 시간 때문에 어려움을 겪는 경우도 있어요. 그렇지만 우리 바깥에 있는 요소들은 우리가 바꾸기 힘듭니다. 먼저 내가 무엇을 놓쳤는지 스스로에게 물어보세요. 그러면서 부족한 나 자신을 있는 그대로 받아들여 봅시다.

정직은 남에게만 진실한 것이 아니라, 나 자신에게도 솔직한 것을 말해요. 여러분의 부족함과 실수를 마주했을 때 핑계를 대는 대신 이렇게 말해 보세요.

"이번에는 내가 충분히 준비하지 못했어. 다음에는 달라질 수 있도록 노력할게."

자신의 실수를 정확하게 바라보는 사람은 어떤 어려움이 와도 다시 일어날 수 있어요.

실수는 우리를 쓰러뜨리지 못해요. 진짜로 우리를 무너뜨리는 것은 핑계입니다. 그러니 차분히 스스로를 들여다보고, 부족함을 받아들이는 용기를 가져 보세요. 그러면 어느 날 여러분은 "그때 실수했기 때문에 지금 성공한 내가 있어."라고 말할 수 있게 될 거예요.

정직은 스스로 굳게 지켜야 할 약속이다

한번은 하버드 대학교에서 신입생 절반가량이 과제를 베끼거나 시험에서 커닝을 하는 등의 부정행위를 저질렀다는 기사가 나오며 세상에 충격을 안겼습니다.

당시 하버드 대학교의 한 교수는 이렇게 말했어요.

"하버드는 성공의 보증서처럼 보일 수 있겠지만, 출신 학교보다 중요한 것은 정직입니다. 정직은 삶의 중심을 잡아 줍니다."

이 말처럼, 어떤 훌륭한 자리에 올랐다고 해도 정직하지 않으면 결국 그 자리를 지킬 수 없습니다.

만약 여러분이 깜빡 잊고 숙제를 해 오지 않았다고 상상해 보세요. 옆자리 친구의 숙제를 베끼고 싶은 유혹이 들지 않을까요? 학교에서 정해 둔 규칙을 어기면서까지 상을 받아야 한다고 생각하나요?

사람들은 종종 자신이 이득을 볼 수 있는 상황에서

정직하지 못한 행동을 합니다. 그러면서 이렇게 스스로를 위로해요.

'이번 한 번쯤은 괜찮겠지. 아무도 모를 거야.'

하지만 정말 아무도 모를까요? 작은 거짓말은 잠깐의 기쁨을 줄 수 있을지는 모르지만, 미래에 더욱 큰 불행을 가져옵니다. '콩 심은 데 콩 나고, 팥 심은 데 팥 난다.'라는 속담처럼 정직의 씨앗을 심은 사람은 믿음이라는 열매를 거둘 수 있지만, 거짓의 씨앗을 심은 사람은 오히려 믿음을 잃게 돼요.

우리는 모두 완벽할 수 없어요. 가끔은 실수도 하고 유혹에 흔들리기도 하지요. 하지만 그런 순간마다 정직한 선택을 하려는 태도를 보인다면 여러분은 더 멋지게 성장할 거예요.

비판 받아들이기

아기 여우는 새로운 이야기를 창작했어요.

친구들이 다들 최고라고, 감동적이라고 말했지요.

"나 정말 잘하는 걸까?"

아기 여우는 뿌듯하면서도 마음 한쪽이 간질거렸어요.

그래서 옆 동네로 가서 다른 동물들에게도 이야기를 들려주었지요.

다들 훌륭하다고 말했어요.

아기 여우는 점점 불안해졌어요.

"진짜로 괜찮은 걸까? 왜 다들 똑같은 말만 하지?"

그때 연못가에서 책을 읽는 거북이가 눈에 들어왔어요.

아기 여우는 조심스레 이야기를 들려주었어요.

거북이는 천천히 고개를 들고 말했어요.

"처음에는 재미있었는데, 중간에는 살짝 졸렸어."

아기 여우는 가슴이 철렁했지만, 이상하게도 기분이 나쁘지 않았어요. 오히려 마음이 맑아지는 느낌이었지요.

아기 여우는 연못을 바라보며 생각했어요.

"내가 듣고 싶었던 건 칭찬이 아니라 나아질 수 있는 말이었어."

비판은 상처가 아니라 더 나아지기 위한 발판이다

세계적인 테니스 선수 세리나 윌리엄스는 어린 시절부터 언니와 함께 테니스를 배우며 실력을 키웠습니다. 그런데 그녀의 코치이자 아버지인 리처드 윌리엄스는 종종 이렇게 말하곤 했어요.

"네 서브는 강하지만 정확하지 않아."

"공이 코트 밖으로 나가는 건 집중력에 문제가 있기 때문이야. 정신을 더 집중해야 해."

세리나는 속상했지만, 오히려 더욱 노력했습니다. 더 나은 실력을 갖추기 위해서는 아버지의 비판을 받아들이고 잘못된 습관을 고쳐야 한다는 사실을 알았거든요. 그 결과 세리나는 세계 챔피언이 되었고, 지금도 테니스 역사에서 위대한 선수 중 하나로 꼽히고 있습니다.

"이 부분은 조금 아쉬웠어."
"이렇게 하면 더 좋았을 텐데."

누군가 여러분에게 이렇게 말한 적이 있나요? 이런 말을 들었을 때 마음이 불편해지고 얼굴이 붉어졌던 경험이 누구나 한 번쯤은 있었을 거예요.

비판받는 것은 유쾌한 일이 아니에요. 때로는 억울하고 화가 치밀기도 하지요. 하지만 조금만 생각을 바꾸면 비판은 더 나은 내가 되도록 도와주는 특별한 선물이 되어 준답니다.

　이 세상에 잘못을 저지르지 않는 사람은 없습니다. 단점이 없는 사람도 없지요. 그런데 잘못과 단점은 다른 사람이 바라볼 때 더 잘 보이는 경우가 있어요. 그래서 남들이 하는 말을 듣는 일이 매우 중요합니다.

　앞으로 주변 사람들이 "이건 이렇게 해 보면 어때?" 하고 알려 준다면, 여러분을 더 멋지게 만들어 주기 위한 응원의 말로 받아들여 보세요.

　비판을 들을 때마다 짜증을 내거나 변명을 하는 사람에게는 조언하거나 응원하는 말이 따라올 수 없습니다. 그러면 그 사람은 자신의 문제점을 영영 알지 못하고 같은 실수를 반복하게 되지요. 비판을 무조건 나쁜 말로만 받아들이면 성장할 기회를 스스로 놓치게 되는 거예요.

　진짜 멋진 사람은 자신의 부족한 면을 깨닫고 고칠 줄 아는 사람이에요. 비판을 듣고 "그래, 다음에는 더 잘할게."라고 말할 수 있는 사람이야말로 용기 있는 사람이지요.

★ 나를 비판하는 사람에게 고마워하자

대부분의 사람에게 비판은 마치 가시를 잔뜩 세운 고슴도치처럼 느껴질 거예요. 가까이 가면 찔릴까 봐 무서운 것처럼, 마음이 아플까 봐 피하고 싶지요.

그런데 여러분, 알고 있나요? 고슴도치는 사실 성격이 온순하고 행동이 귀여워서 반려동물로 키우기도 합니다. 처음엔 무섭게 느껴지더라도 자세히 들여다보면 정이 가고 즐거움을 주는 존재인 거예요.

비판도 마찬가지입니다. 처음에는 나를 향한 비판에 귀를 막고 싶겠지만, 자세히 보면 우리를 더 나은 사람으로 성장시켜 주는 특별한 선물이니까요.

그러니 이제부터는 나를 비판하는 친구에게 "고마

워!" 하고 말해 보세요. 사실 사람은 관심이 없으면 비판도 하지 않습니다. 예를 들어 어떤 친구가 발표를 했다고 상상해 봅시다. 여러분이 평소에 그 친구에게 전혀 신경도 쓰지 않았다면 발표를 잘했는지 못했는지 관심이 없겠지요? 하지만 여러분이 친구에게 "발표에서 어떤 부분은 조금 아쉬웠어."라고 말한다면, 그건 그 친구를 보고 있었다는 뜻이에요. 비판을 받았다는 것은 내가 누군가의 눈에 보인다는 증거입니다.

그러니 이제부터는 비판을 이렇게 받아들여 보세요.

'아, 내 친구는 내가 더 잘되길 바라는구나.'

'지금은 힘들지만, 나중에는 친구들이 해 줬던 쓴소리가 약이 될 거야.'

비판은 나를 쓰러뜨리는 무기가 아니라 더 멋진 사람으로 만들어 주는 도구예요. 그러니 비판을 들을 때마다 고마워합시다. 고맙다는 말을 할 수 있는 여러분은 이미 한 단계 성장한 용기 있는 사람이랍니다.

나 자신을 비판하자

다른 사람의 비판을 고맙게 받아들이는 것도 중요하지만, 그보다 더 중요한 일이 있어요. 바로 나 자신을 돌아보며 비판하는 것입니다. 이것을 우리는 '반성'이라고 불러요.

거울을 자주 보지 않으면 얼굴에 묻은 얼룩도, 흐트러진 머리카락도 모른 채 그냥 지나치겠지요. 반성은 내 마음의 거울이에요. 하루를 마무리할 때 오늘의 나는 어땠는지 스스로에게 물어보는 것, 그것이 바로 나 자신을 비판하는 용기 있는 행동입니다.

과거에 누군가가 했던 유명한 말이 있습니다.

"인생에서 두려운 일은 잘못을 저지르는 것이 아니라 '가치 없는' 잘못을 저지르는 것이다."

여기서 가치 없는 잘못이란 무엇일까요? 바로 알면서도 고치지 않는 잘못이에요.

프랑스의 유명 소설가 발자크는 책을 다 쓴 뒤에도 수백 번씩 고쳐 썼습니다. 영국 소설가 찰스 디킨스도 완성된 글을 열 번 넘게 읽으며 고칠 부분이 없는지 꼼꼼히 살폈다고 하지요. 이런 자세가 그들을 세계적인 작가로 만들어 주었습니다. 그들은 실수를 바로잡을 기회를 놓치지 않았던 거예요.

이제부터는 매일 하루가 끝날 때마다 스스로에게 질문을 던져 보세요. 나는 오늘 다른 사람에게 친절했는지, 나도 모르게 친구를 상처 입히는 말을 하지는 않았는지, 오늘 내가 한 일 중에 더 잘할 수 있었던 것이 있었는지 말이에요.

이렇게 묻고 마음속으로 '내일은 더 잘해야지.'라고 다짐할 수 있다면, 그 순간 여러분은 어제보다 더 멋진 사람이 되어 있는 거랍니다.

진정한 용기는 나를 돌아보는 데서 시작돼요. 남이 나를 비판할 때 받아들이는 것도 쉽지 않지만, 자신을 비

판하기는 더욱 어렵습니다.

좀 더 나은 사람이 되기 위해서는 내 안에 존재하는 문제를 스스로 잘 생각해 보고, 어떻게 고치는 것이 좋을지 적합한 방법을 찾아 나가야 합니다.

오늘부터는 하루를 마무리하며 조용히 나 자신과 대화를 나눠 보세요. 이런 노력이야말로 완전한 자기반성의 과정이자, 어제보다 더 나은 내가 될 수 있는 방법이랍니다.

3부

꿈을 나누며 성장하는 나

9장
소중한 우정 만들기

아기 여우는 드디어 마음에 쏙 드는 이야기를 완성했어요.
"이건 정말 나만의 이야기야."
아기 여우는 큰 참나무 아래에 친구들을 모았어요.
친구들이 자리를 잡자, 아기 여우는 조심스레 이야기를 시작했어요.
따뜻한 바람이 지나가는 동안 아무도 끼어들지 않았어요. 모두가 귀를 기울였지요.
이야기가 끝나자 잠시 고요함이 흘렀어요.
그러다 다람쥐가 말했어요.
"이야기도 좋았지만… 이야기를 들으면서 우리가 함께한 시간이 떠올랐어."
아기 여우는 그제야 깨달았어요.
자신의 이야기가 여기까지 올 수 있었던 건 곁에 함께 있어 준 친구들 덕분이란 걸요.

★ 우정이 성공의 열쇠다

여러분은 어떤 친구를 좋아하나요? 같이 웃을 수 있는 친구, 힘들 때 곁에 있어 주는 친구, 비밀을 지켜 주는 믿을 만한 친구… 다양한 모습이 떠오를 거예요. 이런 친구들은 모두 진정한 친구예요. 여러분이 더 멋진 사람으로 자라도록 도와주는 사람들입니다.

진정한 친구를 만나고 그 친구와 잘 지내는 것. 이것은 단순히 즐거운 일에 그치지 않고 우리 삶의 행복과 성공에 아주 중요한 열쇠가 되어 준답니다.

우리는 친구와 함께 시간을 보내며 서로에게 영향을

끼쳐요. 친구가 열심히 노력한다면 나도 덩달아 열심히 하게 되고, 친구가 쉽게 포기하는 사람이면 나도 어느새 게을러질 수 있어요. 그러니 좋은 친구를 만나는 것은 정말 중요합니다.

그렇다면 좋은 친구를 만나기 위해서는 어떻게 해야 할까요? 우선 나부터 좋은 친구가 되어야 해요. 친구가 속상해할 때 다정한 말 한마디를 해 주고, 친구에게 좋은 일이 생기면 진심으로 함께 기뻐할 수 있어야 하지요. 그리고 무엇보다 서로를 믿어 주어야 합니다. 비밀을 지켜 주고 약속을 꼭 지키는 행동이 모이면 든든한 우정이 자라나니까요.

속담 중에 이런 말이 있어요.

"빨리 가고 싶다면 혼자 가고, 멀리 가고 싶다면 함께 가라."

친구는 멀리 가는 길을 함께할 동반자입니다. 혼자서는 지칠 수도 있고 포기하고 싶을 수도 있지만, 옆에 친구가 있다면 다시 힘을 내게 되지요.

진정한 친구는 서로를 성장시켜 주는 존재이기도 합니다. 친구와 잘 지내는 법을 배우는 것은 인생에서 중요한 경험 중 하나예요. 학교생활을 통해서 좋은 친구를 얻는 일은 어쩌면 교과서 공부보다도 훨씬 소중한 배움일지도 모릅니다.

"우리 친구 할래?"라는 말만으로 친구를 얻기란 불가능해요. 올바른 마음가짐으로 다가가야 진정한 친구를 사귈 수 있다는 사실을 꼭 기억하세요.

★ 좋은 친구를 만나자

우리는 살면서 정말 많은 사람을 만나요. 그런데 그렇게 만나는 사람 모두가 마음 깊이 믿을 수 있는 좋은 친구가 되는 것은 아닙니다.

우리가 가진 시간은 정해져 있기 때문에 모든 사람을

다 사귈 수는 없어요. 그렇다면 어떤 친구를 사귀는 것이 좋을까요? 또 어떤 친구가 좋은 친구일까요?

어떤 친구는 첫인상이 좋지 않을 수도 있고, 거슬리는 말을 할 수도 있으며, 주위에서 '별로'라는 평가를 받을 수도 있어요. 그렇지만 좋은 친구를 사귈 때 고려해야 할 건 이런 것들이 아니랍니다.

좋은 친구는 말보다 행동이 올바른 사람이에요. 어떤 친구는 말로만 멋진 이야기를 합니다. 하지만 막상 도움이 필요할 때는 슬쩍 사라지고, 여러분이 실수했을 때는 뒤에서 흉을 보기까지 하지요.

정말 좋은 친구는 행동으로 우정을 보여 줍니다. 화려하게 표현하지 않아도 마음이 깊고 따뜻한 친구가 곁에 있으면 우리는 더욱 편안하고 든든한 기분을 느끼게 됩니다.

또 좋은 친구는 여러분에게 아니라고 말할 줄 아는 사람입니다. 아무리 친한 친구가 하는 일이라도 틀린 일

에는 "이건 좀 아닌 것 같아."라고 말할 수 있는 용기를 지닌 친구가 좋은 친구예요.

여러분에게 잘 보이기 위해 무조건 맞춰 주기만 하는 친구가 마음에 들 수는 있습니다. 하지만 그런 친구는 여러분을 성장시키는 데는 도움이 되지 않아요.

자신과 다른 점을 존중하는 친구도 좋은 친구입니다. 내가 좋아하는 것이 친구가 좋아하는 것과 다를 수도 있어요. 하지만 좋은 친구는 다름을 틀림으로 여기지 않습니다. 취미와 의견이 다르다고 해서 비웃지 않고, 실수도 이해해 주지요. 나와 똑같지 않아도 서로의 차이를 이해하려는 마음을 지닌 사람이 좋은 친구랍니다.

그렇다면 좋은 친구를 만나기 위해서는 어떻게 해야 할까요? 좋은 친구를 사귀려면 나 역시 그런 사람이 되어야 합니다.

앞에서 말한 좋은 친구의 조건은 여러분이 친구를 대할 때 갖추어야 할 태도이기도 해요. 여러분이 누군가에게 믿음직한 친구가 되어 준다면, 반드시 좋은 친구를 만날 수 있을 거예요.

친구란 물고기를 잡듯이 그물만 펼쳐 놓으면 얻을 수 있는 것이 아닙니다. 하버드 대학교에서는 "여러분의 삶은 어떤 친구를 사귀느냐에 달려 있다."라고 가르칩니다. 여러분도 좋은 친구와 서로 영향을 주고받으며 더 아름답고 훌륭한 삶을 만들어 보면 어떨까요?

★ 외모보다는 마음이 중요하다

먼 옛날 하느님의 음성을 듣는 사무엘이라는 사람이 살고 있었습니다. 어느 날, 하느님이 사무엘에게 말했어요.

"이제 새로운 왕을 뽑을 시간이다. 베들레헴에 사는 이새라는 사람의 집을 찾아가 내가 고른 왕에게 기름을 부어라."

사무엘은 이새의 집으로 갔습니다. 이새에게는 아들이 일곱 명이나 있었어요. 먼저 첫째 아들이 사무엘 앞에 섰습니다. 그는 키도 크고 아주 멋졌어요. 사무엘은 '이 아이가 왕인가 보다!' 하고 생각했습니다. 하지만 하느님은 사무엘에게 이렇게 말했어요.

"사람은 겉모습을 보지만, 나는 마음을 본단다. 이 아이는 내가 선택한 왕이 아니란다."

그다음 아들들도 모두 근사했지만, 하느님이 고른 아이는 없었어요. 실망한 사무엘이 이새에게 물었습니다.

"혹시 다른 아들이 더 있나요?"

"사실 여덟째 아들 다윗이 있는데… 아직 어리고 외모도 볼품없습니다. 그 아이는 왕이 아니에요."

그러나 다윗이 오자 하느님이 기뻐하며 말했어요.

"바로 이 아이가 내가 고른 왕이다!"

사무엘은 다윗에게 기름을 부었습니다. 다윗은 나

중에 이스라엘을 다스리는 위대한 왕이 되었답니다.

　우리는 겉모습에 신경을 많이 씁니다. 친구를 사귈 때도 처음에는 겉모습에 눈이 가기 쉬워요. 옷을 멋지게 입거나 키가 크고 말을 잘하는 친구에게 관심이 생기기도 하지요.
　그렇지만 시간이 지나면 여러분도 깨닫게 될 거예요. 진짜 좋은 친구는 보이는 모습이 화려한 사람이 아니라 보이지 않는 마음이 따뜻한 사람이라는 것을요.
　예쁘거나 멋진 외모는 자연스럽게 눈길을 끌어요. 하지만 친구 사이에서는 외모보다 훨씬 더 중요한 것이 마음입니다. 겉모습이 아무리 멋져도 남을 무시하거나 내 기분을 상하게 하거나 거짓말을 자주 한다면 오래 친구로 지내기는 어렵겠지요.
　반대로 겉모습이 평범하더라도 마음이 예쁘고 멋진 친구는 함께 지낼수록 점점 더 소중해집니다. 그 친구의 따뜻한 마음이 여러분의 마음에 와닿기 때문이에요.

앞에서 읽은 사무엘 이야기처럼, 겉모습만 보고서 색안경을 낀 채 사람을 바라보다가 누군가의 가치를 모르고 지나칠 수도 있어요.

여러분이 진짜 좋은 친구를 만나고 싶다면 겉모습에 가려진 사람의 진심을 볼 줄 아는 눈을 먼저 갖춰야 합니다. 그리고 여러분이 누군가의 마음을 먼저 알아주는 친구가 되면 반드시 여러분을 진심으로 대하고 아껴 주는 친구가 생기게 된답니다.

진짜 우정은 예쁜 옷이나 인기, 멋진 말투에서 만들어지지 않아요. 작은 배려와 따뜻한 말, 솔직한 태도가 모여서 아름다운 우정을 만들어 간답니다.

10장

매일 조금씩 성숙해지기

예전엔 깊은 숲속이 아기 여우한테는 그저 넓고 두렵게만 느껴졌어요. 하지만 이제는 익숙하고 따뜻한 공간이 되었지요.
어느 날 아기 여우는 작은 발소리를 들었어요.
작디작은 여우 한 마리가 숲속을 헤매고 있었습니다.
그 여우는 겁에 질린 채 물었어요.
"여기… 혼자 있어도 괜찮을까요?"
아기 여우는 웃으며 대답했어요.
"처음엔 무섭고 외로워도 아주 조금씩 성장해 나가면 돼."
아기 여우는 자신이 지나온 길을 돌아보았어요.
외롭던 첫날, 부끄러웠던 실수들, 처음 친구와 눈을 마주쳤던 순간들.

모든 게 선명하고도 따뜻하게 가슴에 남아 있었어요.

"엄마가 왜 나를 내보냈는지 이제는 알 것 같아.

세상은 두려웠지만, 그 안에서 나는 나를 만나게 되었어."

이제 아기 여우는 조금은 어른이 되어 있었어요.

★ 매일 조금 더 멋진 나로 자라나자

지금까지 우리는 성공적인 삶을 위한 여러 가지 태도와 마음가짐을 함께 알아봤어요. 독립, 목표, 흥미, 공부, 시간 관리, 참을성, 정직, 반성 그리고 우정까지. 이 모든 것이 모이면 우리는 조금 더 멋진 사람으로 성장할 수 있지요. 그리고 이제 마지막으로 꼭 나누고 싶은 이야기가 있어요. 바로 성숙해지는 방법입니다.

'성숙'이라는 말을 들으면 무엇이 떠오르나요? 키가 크고 나이가 많아지는 것, 어려운 단어를 사용해서 말하는 것이 생각날지도 모르겠어요. 하지만 진짜 성숙은 나이나 겉모습으로는 알 수 없어요. 성숙한 사람은 마음이 자라고 생각이 깊어진 사람입니다.

그러니 나이와 상관없이 여러분도 성숙해질 수 있어요. 하버드 대학교에서 심리학을 가르쳤던 탈 벤샤하르 교수 역시 여러분과 같은 또래 친구들에게 이렇게 말했습니다.

"마음의 성숙이 성적보다 중요합니다."

조금씩 천천히 자기 마음을 다스리고 다른 사람을 생각할 줄 알게 된다면 누구나 성숙한 사람으로 자라날 수 있답니다.

그렇다면 성숙하다는 것은 정확하게 어떤 의미일까요? 전문가들은 지금 상황을 제대로 판단하고 나중의 일을 예측하는 능력을 성숙이라고 말합니다. 쉽게 풀어 말하면 올바른 선택을 하고 적절한 답을 찾아내는 능력을 의미하지요.

예를 들어, 부모님이나 선생님께 꾸중을 들었을 때 성숙한 학생은 그분들이 혼내는 이유를 생각해 보고 자신의 입장을 확실하게 이야기합니다. 반면 성숙하지 못한 학생은 혼나는 이유를 생각하기도 전에 일단 너무 화를 내거나 억울해하지요.

또 친구와 다퉜을 때도 성숙한 학생은 어떻게 친구를 이해하고 화해할 수 있을지를 고민합니다. 반면 성숙하지 못한 학생은 발끈하거나 친구와 절교해 버리기도 하지요. 다른 친구에게 그 친구의 흉을 보기도 하고요.

여러분도 한번 자신의 모습을 돌아봅시다. 여러분은 지금 성숙한가요, 아니면 그렇지 못한가요? 실제 상황에서 어떤 선택을 하는지 살펴보면 여러분이 성숙한지 가늠해 볼 수 있답니다.

그렇다면 좀 더 빨리 성숙해지는 방법은 무엇일까요? 하버드 대학교에서는 세 가지 방법을 추천하고 있습니다.

첫 번째 방법은 '관심 돌리기'입니다. 마음이 복잡하

고 속상할 때는 잠깐 관심을 다른 데로 돌려 보세요. 좋아하는 노래를 들으며 음 하나하나를 느껴 보거나 밖에 나가서 운동을 하는 거예요.

　기분이 안 좋을 때 다른 활동을 통해 마음을 바꾸는 것은 아주 중요한 기술이에요. 너무 오랫동안 고민만 하다 보면 오히려 나쁜 선택을 할 수 있거든요. 그래서 혼자 끙끙 앓기보다는 우리 몸과 마음을 잠시 쉬게 하는 것이 중요합니다.

　두 번째 방법은 '다르게 보기'예요. 미래의 나 또는 다른 사람의 입장에서 생각해 보는 거지요. 어떤 일로 누군가에게 화가 났다면 이렇게 물어보세요.

　"10년 후의 나라면 이 일을 어떻게 해결할까?"

　"옆자리 친구라면 이 일에 대해 어떻게 생각할까?"

　이렇게 하면 자신의 감정에만 빠지지 않고 더 넓은 시야로 문제를 바라볼 수 있어요. 여러 방향으로 생각하는 습관은 성숙한 마음을 만들어 줍니다.

마지막 방법은 '상상력 발휘하기'입니다. 어떤 일이 생겼을 때 어떻게 해결하면 좋을지 미리 머릿속으로 상상해 보는 거예요. 예를 들어 친구가 나에게 싫은 말을 하면 어떻게 반응할지 생각해 보는 거지요.

이런 습관은 마음을 차분하게 하고, 스트레스도 줄여 줍니다. 하버드 대학교의 연구에 따르면 상상력이 풍부한 사람일수록 마음의 준비를 잘해서 실수도 덜 한다고 해요.

이 세 가지 방법을 열심히 익히면 마음이 더 튼튼해져서 성숙한 모습으로 자라날 거예요. 그러면 미래에 힘든 일이 생겨도 쉽게 무너지지 않고 멋지게 이겨 낼 수 있습니다.

지금부터 마음에 성숙의 씨앗을 심어 보세요. 그리고 여러분의 꿈과 함께 성숙한 태도를 키워 나가면, 나중에는 그 자리에 큰 행복의 나무가 자라날 거랍니다.

성실은 성공의 열쇠다

아프리카 말라위의 작은 마을에 윌리엄이라는 소년이 살고 있었습니다. 그가 사는 마을은 전기도, 수도 시설도 없는 가난한 곳이었어요. 어느 날 마을에 큰 가뭄이 찾아와 땅이 갈라지고 농작물이 죽기 시작했습니다. 형편이 어려워진 아버지는 윌리엄을 학교에 보낼 수 없었어요. 윌리엄은 슬펐지만 좌절하지 않았습니다. 학교는 못 가도 책은 읽을 수 있었으니까요.

학교를 그만둔 윌리엄은 마을 도서관에서 낡은 책들을 꺼내 읽었어요. 그러다 《에너지 사용법》이라는 책을 보게 되었지요.

"와, 바람으로 전기를 만들 수 있다고?"

윌리엄은 그때부터 고물 더미를 뒤져 고장 난 기계 부품과 고철을 모았어요. 동네 사람들은 시간 낭비라고 생각했지요.

하지만 윌리엄은 매일매일 꾸준히 손을 움직였어요. 그는 어느새 나무 기둥을 세우고 커다란 바람개비를 만들어 냈습니다. 그리고 어느 날, 바람개비가 바람을 받아 돌아가기 시작했어요. 그 바람개비는 자전거로 만든 발전기와 연결되어 있었지요. 윌리엄의 집 전구에 불이 반짝 켜졌습니다.

"정말 대단해!"

그의 가족도 놀랐고, 마을 사람들도 모여들었어요. 그날 이후 윌리엄은 물을 퍼 올리는 펌프까지 만들어 내며 온 마을에 희망의 바람을 불어넣었답니다.

이 이야기는 바로 성실함에 관해 다루고 있답니다. 성숙한 사람들을 관찰해 보면 우리는 그들의 공통점 하나를 발견할 수 있어요. 바로 이야기 속의 윌리엄처럼 매우 성실하다는 것이지요. 쉬운 길만 따라가면서 꾀를 부려서는 절대 훌륭한 사람이 될 수 없습니다. 게으르다면 성공은 더더욱 불가능하지요.

성실은 멋진 말솜씨도, 놀라운 재능도 아니에요. 오늘 할 일을 오늘 해야 할 시간에 해내는 것이 성실의 첫 번째 단계입니다. 언뜻 평범해 보이기도 하지요? 그렇지만 옛말에도 "글을 배우는 데에 중요한 건 첫째로 일찍 일어나는 것이고, 둘째로 꾸준히 계속하는 것이다."라고 했습니다. 이 간단한 말 속에 성실의 기본적인 원리가 모두 들어 있어요.

간단한 일을 하더라도 어떤 날은 귀찮고, 어떤 날은 하기 싫을 수 있어요. 그럴 때마다 성실한 사람은 속으로 이렇게 말하지요.

"나는 나의 길을 가는 중이야."

조용히, 그러나 끊임없이 하는 것. 그것이 성실함의 모습입니다.

성실한 사람은 시간이 지나도 빛을 잃지 않아요. 겉모습이 화려하거나 성적이 잘 나와서 잠깐 주목받는 사람은 많습니다. 하지만 시간이 흐르면 결국 성실한 사람이 계속 신뢰받게 되어요. 성실한 사람은 눈에 띄지는 않아도 누구보다 단단하게 자신의 자리를 지켜요. 그리고 많은 사람의 신뢰를 얻어 자신의 꿈도 이루게 된답니다.

지금 이 순간에도 여러분은 자라고 있어요. 멋진 어른이 되기 위해, 좀 더 성숙한 내가 되기 위해 하루하루 성실하게 나아가고 있지요. 그 걸음이 얼마나 훌륭한지 여러분이 먼저 알아주었으면 좋겠습니다.

어린이를 위한
하버드 새벽 4시 반

초판 1쇄 인쇄 2025년 7월 30일
초판 1쇄 발행 2025년 8월 12일

글 웨이슈잉 옮김 이정은
그림 김세세

펴낸이 김선식
펴낸곳 다산북스

부사장 김은영
어린이사업부총괄이사 이유남
책임편집 마정훈 **디자인** 강민영 **책임마케터** 안호성
어린이콘텐츠사업5팀장 이현정 **어린이콘텐츠사업5팀** 조문경 마정훈 조현진 강민영
어린이마케팅본부장 최민용 **어린이마케팅1팀** 안호성 이예주 김희연
미디어홍보본부장 정명찬
편집관리팀 조세현 김호주 백설희 **저작권팀** 성민경 이슬 윤제희 **기획마케팅팀** 류승은 박상준
재무관리팀 하미선 임혜정 이슬기 김주영 오지수
인사총무팀 강미숙 이정환 김혜진 황종원
제작관리팀 이소현 김소영 김진경 이지우 황인우
물류관리팀 김형기 김선진 주정훈 양문현 채원석 박재연 이준희 이민운

펴낸곳 다산북스 **출판등록** 2005년 12월 23일 제313-2005-00277호
주소 경기도 파주시 회동길 490 **전화** 02-704-1724 **팩스** 02-703-2219
다산어린이 공식 카페 cafe.naver.com/dasankids **다산어린이 공식 블로그** blog.naver.com/stdasan
종이 신승INC **인쇄 및 제본** 상지사 **코팅 및 후가공** 제이오엘엔피

ISBN 979-11-306-6891-8 73190

• 책값은 뒤표지에 있습니다.
• 파본은 본사 또는 구입한 서점에서 교환해 드립니다.
• KC마크는 이 제품이 공통안전기준에 적합하였음을 의미합니다.
• 아이들이 책을 입에 대거나 모서리에 다치지 않게 주의하세요.

책을 더 재미있게, 책을 더 오래 기억하는 방법
다산어린이 공식 카페에는 다양한 독서 활동 자료가 있습니다.
자료를 활용하여 아이들의 독서 흥미를 더욱 키워 주세요.

(출간 즉시 베스트셀러) (어린이 역사 분야 1위!)

어린이의 미래에 필요한 모든 답은
역사에 있다!

30만 독자를 사로잡은 《역사의 쓸모》
어린이를 위해 돌아오다!

어린이를 위한 역사의 쓸모 시즌 1

어린이를 위한 역사의 쓸모 시즌 2
(인생 편)

★ **어린이를 위한 역사의 쓸모 시즌 1: 전3권**
★ **어린이를 위한 역사의 쓸모 시즌 2**
  (인생 편): 전 5권

이 책을 통해 얻을 수 있는 3가지

◆ 역사 속 사람들과 함께 찾아가는 나의 꿈
◆ 과거를 바라보며 현재를 이겨 내는 용기
◆ 억지로 외우지 않고 자연스럽게 배우는
   역사의 지혜

★ 가장 중요한 일 3가지! ★

-
-
-

년   월   일   요일

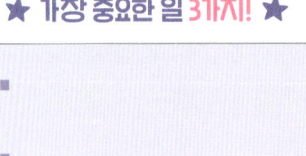

오전 8시	
9시	
10시	
11시	
오후 12시	
1시	
2시	
3시	
4시	
5시	
6시	
7시	
8시	
9시	

오늘 할 일

지금 떠오르는 생각을
자유롭게 적어 보세요!

오늘의 한마디

우리가 이룬 것만큼,
이루지 못한 것도
자랑스러워하세요!

_스티브 잡스

★ 가장 중요한 일 3가지! ★

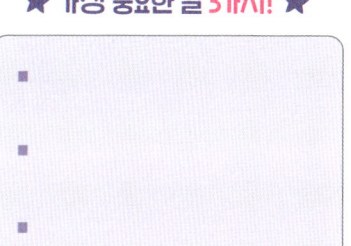

| 년 | 월 | 일 | 요일 |

오전 8시	
9시	
10시	
11시	
오후 12시	
1시	
2시	
3시	
4시	
5시	
6시	
7시	
8시	
9시	

오늘 할 일

지금 떠오르는 생각을 자유롭게 적어 보세요!

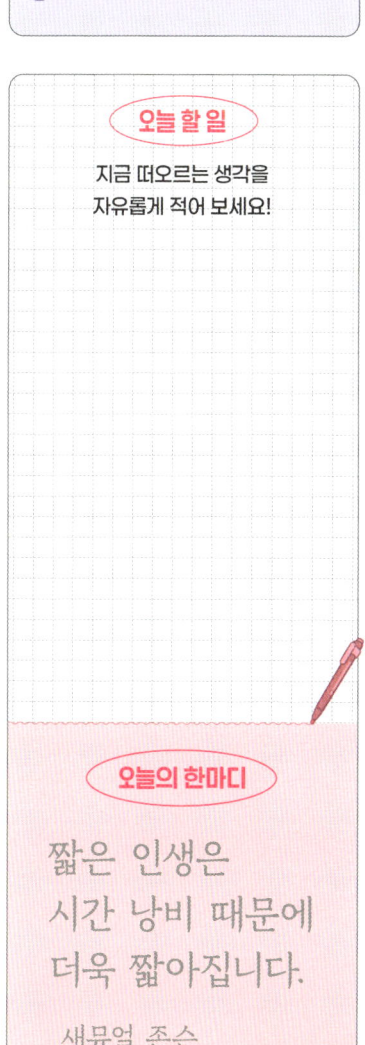

오늘의 한마디

짧은 인생은
시간 낭비 때문에
더욱 짧아집니다.

_새뮤얼 존슨

★ 가장 중요한 일 3가지! ★

-
-
-

년   월   일   요일

오전 8시	
9시	
10시	
11시	
오후 12시	
1시	
2시	
3시	
4시	
5시	
6시	
7시	
8시	
9시	

오늘 할 일

지금 떠오르는 생각을
자유롭게 적어 보세요!

오늘의 한마디

어려움을 이겨 내는
유일한 치료법은
무엇이든지 열심히
하는 것입니다.

_존 F. 케네디

★ 가장 중요한 일 3가지! ★

-
-
-

| | 년 | 월 | 일 | 요일 |

오전 8시	
9시	
10시	
11시	
오후 12시	
1시	
2시	
3시	
4시	
5시	
6시	
7시	
8시	
9시	

오늘 할 일

지금 떠오르는 생각을
자유롭게 적어 보세요!

오늘의 한마디

과거를 기억하지
못하면, 과거를
반복하기 마련입니다.

_조지 산타야나

★ 가장 중요한 일 3가지! ★

-
-
-

년   월   일   요일

오전 8시	
9시	
10시	
11시	
오후 12시	
1시	
2시	
3시	
4시	
5시	
6시	
7시	
8시	
9시	

오늘 할 일

지금 떠오르는 생각을 자유롭게 적어 보세요!

오늘의 한마디

혼자서는 아주 조금 밖에 할 수 없지만, 함께라면 많은 것을 이룰 수 있습니다.

_헬렌 켈러

★ 가장 중요한 일 3가지! ★

-
-
-

년   월   일   요일

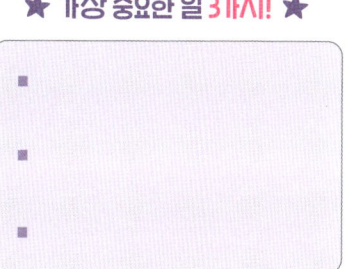

오전	
8시	
9시	
10시	
11시	
오후 12시	
1시	
2시	
3시	
4시	
5시	
6시	
7시	
8시	
9시	

오늘 할 일

지금 떠오르는 생각을
자유롭게 적어 보세요!

오늘의 한마디

발 아래를 보지 말고
고개를 들어 별을
보세요.

_스티븐 호킹

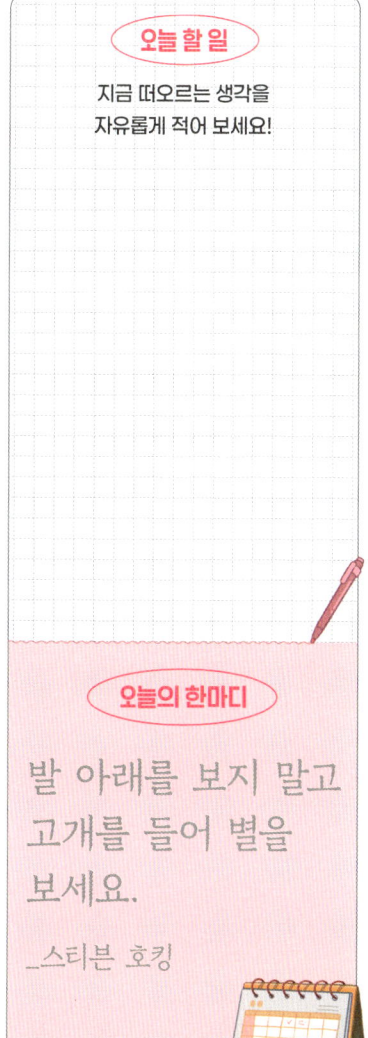

★ 가장 중요한 일 3가지! ★

-
-
-

년   월   일   요일

오전 8시	
9시	
10시	
11시	
오후 12시	
1시	
2시	
3시	
4시	
5시	
6시	
7시	
8시	
9시	

오늘 할 일

지금 떠오르는 생각을 자유롭게 적어 보세요!

오늘의 한마디

자신이 믿는 사람이 결국 자신이 됩니다.

_오프라 윈프리

★ 가장 중요한 일 **3가지!** ★

-
-
-

| | 년 | 월 | 일 | 요일 |

오늘 할 일
지금 떠오르는 생각을
자유롭게 적어 보세요!

오늘의 한마디
불가능해 보이는
일을 하는 건 정말
신나는 일이에요.

_월트 디즈니

오전 8시	
9시	
10시	
11시	
오후 12시	
1시	
2시	
3시	
4시	
5시	
6시	
7시	
8시	
9시	

★ 가장 중요한 일 3가지! ★

-
-
-

년   월   일   요일

오전	
8시	
9시	
10시	
11시	
오후	
12시	
1시	
2시	
3시	
4시	
5시	
6시	
7시	
8시	
9시	

오늘 할 일

지금 떠오르는 생각을
자유롭게 적어 보세요!

오늘의 한마디

평범한 사람도
특별해지기를
선택할 수 있습니다.

_일론 머스크

★ 가장 중요한 일 3가지! ★

-
-
-

년   월   일   요일

오전	
8시	
9시	
10시	
11시	
오후 12시	
1시	
2시	
3시	
4시	
5시	
6시	
7시	
8시	
9시	

오늘 할 일

지금 떠오르는 생각을
자유롭게 적어 보세요!

오늘의 한마디

여러분이 할 수 있는
최고의 투자는
자신에게 하는
투자입니다.

_워런 버핏

★ 가장 중요한 일 3가지! ★

-
-
-

년　　월　　일　　요일

오전 8시	
9시	
10시	
11시	
오후 12시	
1시	
2시	
3시	
4시	
5시	
6시	
7시	
8시	
9시	

오늘 할 일

지금 떠오르는 생각을
자유롭게 적어 보세요!

오늘의 한마디

어느 누구와도 자신을 비교하지 마세요. 비교는 자신을 낮추는 일입니다.

_빌 게이츠

★ 가장 중요한 일 3가지! ★

-
-
-

년　　월　　일　　요일

오전 8시	
9시	
10시	
11시	
오후 12시	
1시	
2시	
3시	
4시	
5시	
6시	
7시	
8시	
9시	

오늘 할 일

지금 떠오르는 생각을
자유롭게 적어 보세요!

오늘의 한마디

약속은 약속입니다.

_라탄 타타

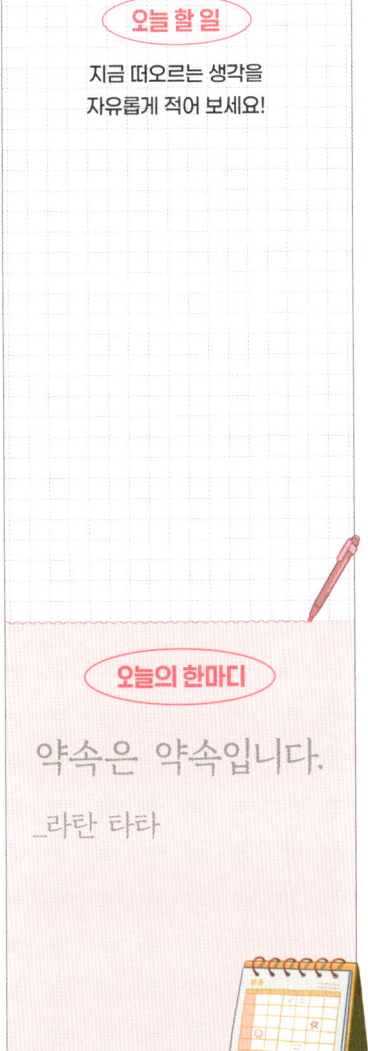

★ 가장 중요한 일 3가지! ★

-
-
-

| | 년 | 월 | 일 | 요일 |

오전 8시	
9시	
10시	
11시	
오후 12시	
1시	
2시	
3시	
4시	
5시	
6시	
7시	
8시	
9시	

오늘 할 일

지금 떠오르는 생각을 자유롭게 적어 보세요!

오늘의 한마디

성공보다 실패에서 더 많은 것을 배울 수 있습니다.

_나탈리 포트만

★ 가장 중요한 일 3가지! ★

-
-
-

년   월   일   요일

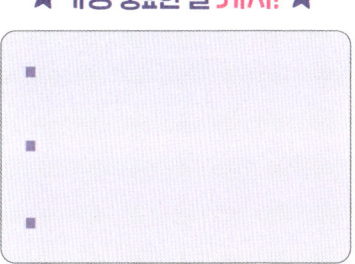

오늘 할 일
지금 떠오르는 생각을
자유롭게 적어 보세요!

오전 8시	
9시	
10시	
11시	
오후 12시	
1시	
2시	
3시	
4시	
5시	
6시	
7시	
8시	
9시	

오늘의 한마디

열심히 일하고,
사람들에게 친절하면
놀라운 일이
벌어집니다.

_코난 오브라이언

★ 가장 중요한 일 3가지! ★

-
-
-

| 년 | 월 | 일 | 요일 |

오늘 할 일

지금 떠오르는 생각을
자유롭게 적어 보세요!

오늘의 한마디

작은 일을 시작해야
위대한 일도
생깁니다.

_마크 저커버그

오전 8시	
9시	
10시	
11시	
오후 12시	
1시	
2시	
3시	
4시	
5시	
6시	
7시	
8시	
9시	

★ 가장 중요한 일 3가지! ★

-
-
-

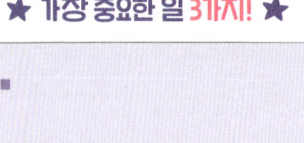

년   월   일   요일

오전 8시	
9시	
10시	
11시	
오후 12시	
1시	
2시	
3시	
4시	
5시	
6시	
7시	
8시	
9시	

오늘 할 일
지금 떠오르는 생각을
자유롭게 적어 보세요!

오늘의 한마디
변화는 종종
불편함에서
시작됩니다.

_ 버락 오바마

★ 가장 중요한 일 3가지! ★

-
-
-

년   월   일   요일

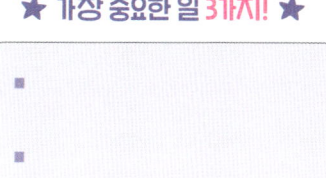

오전 8시	
9시	
10시	
11시	
오후 12시	
1시	
2시	
3시	
4시	
5시	
6시	
7시	
8시	
9시	

오늘 할 일

지금 떠오르는 생각을 자유롭게 적어 보세요!

오늘의 한마디

아무것도 하지 않는 사람만 실패하지 않습니다.

_토머스 에디슨

★ 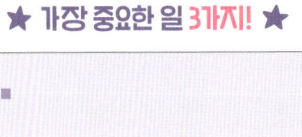 가장 중요한 일 3가지! ★

-
-
-

년   월   일   요일

오전 8시	
9시	
10시	
11시	
오후 12시	
1시	
2시	
3시	
4시	
5시	
6시	
7시	
8시	
9시	

오늘 할 일

지금 떠오르는 생각을
자유롭게 적어 보세요!

오늘의 한마디

우리는 우주에
흔적을 남기기
위해서 태어났습니다.

_스티브 잡스

★ 가장 중요한 일 3가지! ★

-
-
-

년　　　월　　　일　　　요일

오전 8시	
9시	
10시	
11시	
오후 12시	
1시	
2시	
3시	
4시	
5시	
6시	
7시	
8시	
9시	

오늘 할 일

지금 떠오르는 생각을
자유롭게 적어 보세요!

오늘의 한마디

미래를 예측하는
가장 좋은 방법은
미래를 만들어 가는
것입니다.

_피터 드러커

★ 가장 중요한 일 3가지! ★

-
-
-

년　　월　　일　　요일

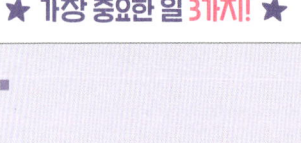

오전 8시	
9시	
10시	
11시	
오후 12시	
1시	
2시	
3시	
4시	
5시	
6시	
7시	
8시	
9시	

오늘 할 일

지금 떠오르는 생각을
자유롭게 적어 보세요!

오늘의 한마디

책을 읽을수록
더 많은 곳으로
갈 수 있어요.

_닥터 수스

★ 가장 중요한 일 3가지! ★

| 년 | 월 | 일 | 요일 |

-
-
-

오늘 할 일

지금 떠오르는 생각을
자유롭게 적어 보세요!

오늘의 한마디

상상은 무엇이든
가능하게 만듭니다.

_파블로 피카소

오전 8시	
9시	
10시	
11시	
오후 12시	
1시	
2시	
3시	
4시	
5시	
6시	
7시	
8시	
9시	

★ 가장 중요한 일 3가지! ★

-
-
-

| | 년 | 월 | 일 | 요일 |

오늘 할 일

지금 떠오르는 생각을 자유롭게 적어 보세요!

오전 8시	
9시	
10시	
11시	
오후 12시	
1시	
2시	
3시	
4시	
5시	
6시	
7시	
8시	
9시	

오늘의 한마디

스스로를 존중하면 다른 사람도 여러분을 존중할 거예요.

_공자

★ 가장 중요한 일 3가지! ★

-
-
-

년   월   일   요일

오전	
8시	
9시	
10시	
11시	
오후 12시	
1시	
2시	
3시	
4시	
5시	
6시	
7시	
8시	
9시	

오늘 할 일

지금 떠오르는 생각을
자유롭게 적어 보세요!

오늘의 한마디

성공한 사람이
아니라 가치 있는
사람이 되기 위해
힘씁시다.

_알베르트 아인슈타인

★ 가장 중요한 일 3가지! ★

-
-
-

년   월   일   요일

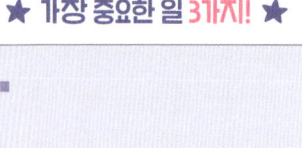

오전 8시	
9시	
10시	
11시	
오후 12시	
1시	
2시	
3시	
4시	
5시	
6시	
7시	
8시	
9시	

오늘 할 일

지금 떠오르는 생각을
자유롭게 적어 보세요!

오늘의 한마디

있는 그대로의
여러분을 사랑하고,
계속 앞으로
나아가세요!

_데미 로바토

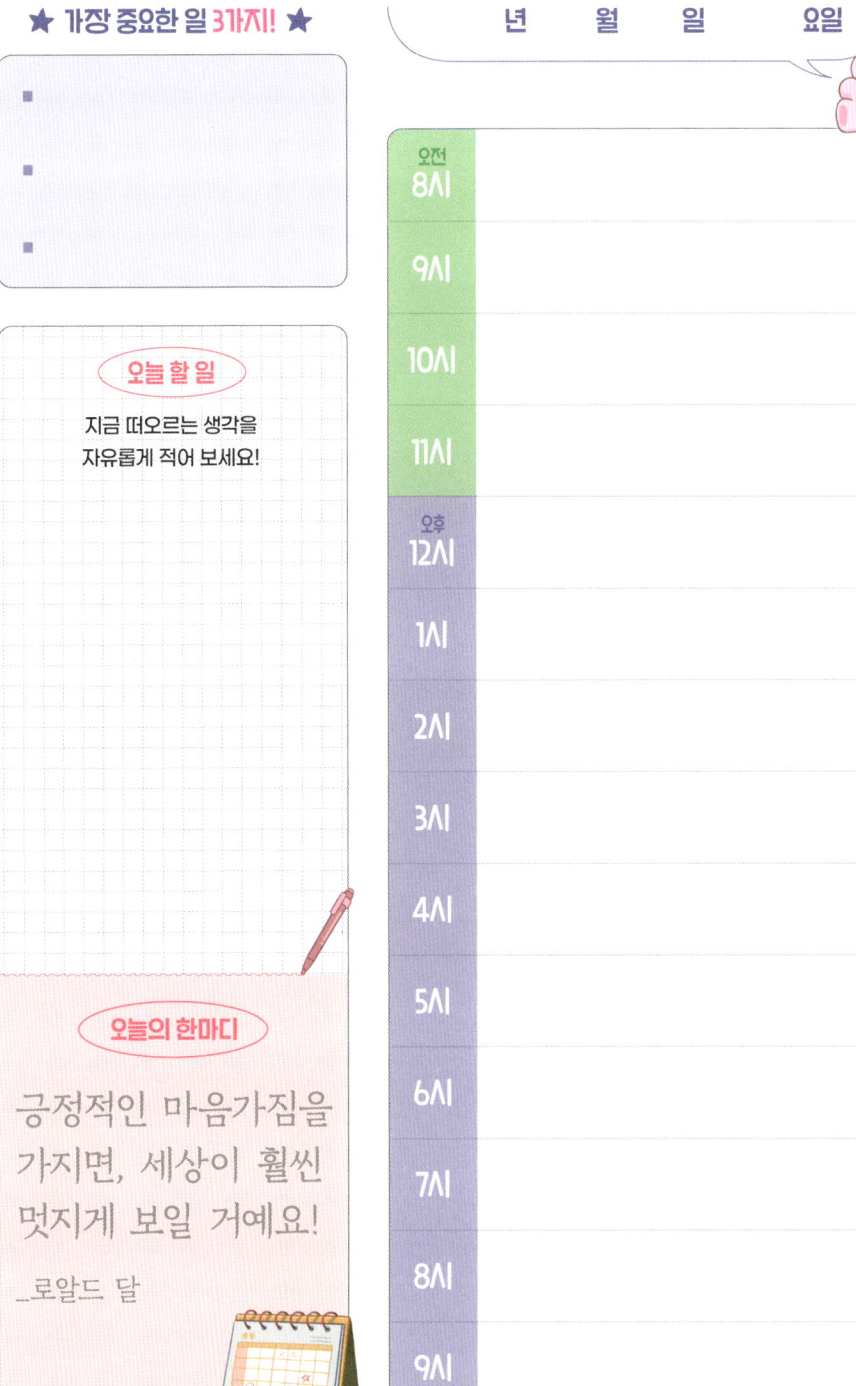

★ 가장 중요한 일 3가지! ★

-
-
-

년　　월　　일　　요일

오전 8시	
9시	
10시	
11시	
오후 12시	
1시	
2시	
3시	
4시	
5시	
6시	
7시	
8시	
9시	

오늘 할 일

지금 떠오르는 생각을
자유롭게 적어 보세요!

오늘의 한마디

불가능해 보이더라도
해 보지 않으면
절대 알 수 없어요.

_넬슨 만델라

★ **가장 중요한 일 3가지!** ★

-
-
-

년   월   일   요일

오늘 할 일

지금 떠오르는 생각을
자유롭게 적어 보세요!

오늘의 한마디

시간을 잘 붙잡는
사람은 모든 것을
얻을 수 있습니다.

_벤저민 디즈레일리

오전	
8시	
9시	
10시	
11시	
오후	
12시	
1시	
2시	
3시	
4시	
5시	
6시	
7시	
8시	
9시	

★ 가장 중요한 일 3가지! ★

년　　　월　　　일　　　요일

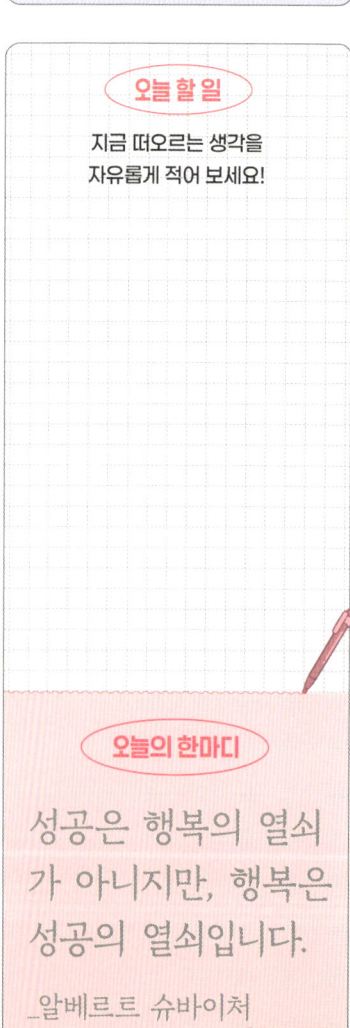

오늘 할 일

지금 떠오르는 생각을
자유롭게 적어 보세요!

오늘의 한마디

성공은 행복의 열쇠가 아니지만, 행복은 성공의 열쇠입니다.

_알베르트 슈바이처

오전	
8시	
9시	
10시	
11시	
오후 12시	
1시	
2시	
3시	
4시	
5시	
6시	
7시	
8시	
9시	

★ 가장 중요한 일 3가지! ★

-
-
-

년   월   일   요일

오전	
8시	
9시	
10시	
11시	
오후 12시	
1시	
2시	
3시	
4시	
5시	
6시	
7시	
8시	
9시	

오늘 할 일

지금 떠오르는 생각을
자유롭게 적어 보세요!

오늘의 한마디

우리가 하는 거의
모든 일이 사소하지만,
그것을 한다는 것은
매우 중요합니다.

_마하트마 간디

플래너 활용법

1 오늘 해야 하는 일을 생각나는 대로 자유롭게 적어 보세요.

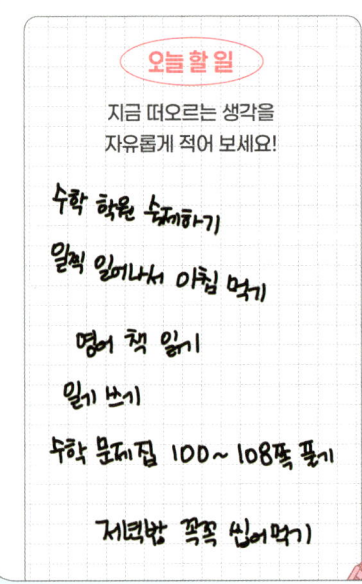

2 '오늘 할 일' 중에서 반드시 해내고 싶은 3가지를 뽑아 눈에 잘 띄게 적어 보세요.

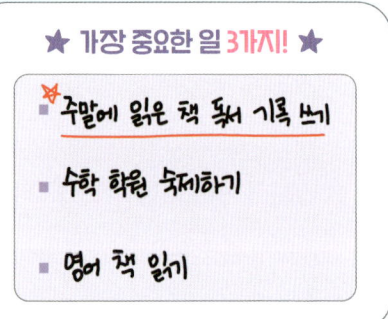

4 모든 준비가 끝났다면 여러분의 하루를 계획해 보세요. 여러분이 뽑은 '가장 중요한 일 3가지'에 가장 많은 시간을 쏟을 수 있도록 해 보세요!

3 '오늘의 한마디'를 따라 쓰면서 하루를 알차게 계획할 용기를 얻어 보세요.

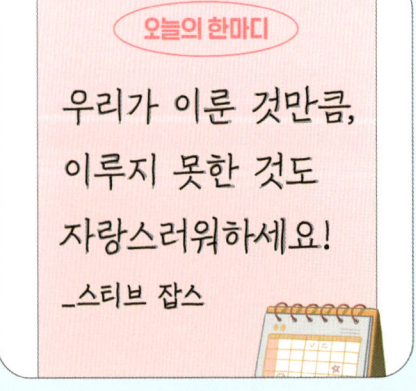

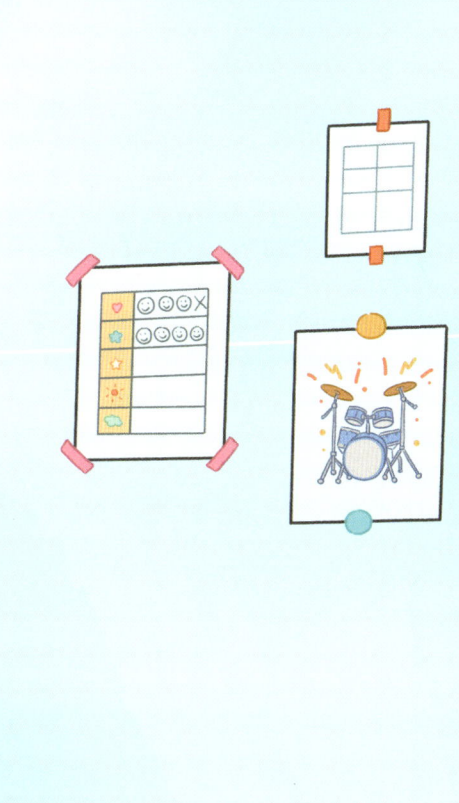

30일 하버드 필사 플래너

| 초등학교 | 학년 | 반 |

🌸 이름

🌸 나의 꿈

🌸 나의 다짐

학부모 TIP

* 자기 주도적으로 계획을 세우고 실천할 수 있도록 도와주세요.

* 목표를 달성했을 때 많은 칭찬을 해 주세요.

* 목표를 달성하지 못하더라도 괜찮습니다. 다시 다음 날의 계획을 세울 수 있도록 격려해 주세요.